本书得到了江苏省自然科学基金（BK20170275）、江苏省社会科学基金（15EYD004）、教育部人文社科基金（19YJCZH102）、第58批中国博士后科学基金（2016M591948）的资助。

Financial Factors and Fluctuations in Real Estate Prices

金融因素与房地产价格变化研究

刘丰云 ◎ 著

经济管理出版社
ECONOMY & MANAGEMENT PUBLISHING HOUSE

图书在版编目（CIP）数据

金融因素与房地产价格变化研究/刘丰云著．—北京：经济管理出版社，2020.1
ISBN 978－7－5096－7005－7

Ⅰ.①金…　Ⅱ.①刘　Ⅲ.①房地产价格—研究—中国 ②房地产金融—研究—中国
Ⅳ.①F299.233.5 ②F299.233.38

中国版本图书馆 CIP 数据核字（2020）第 021668 号

组稿编辑：申桂萍
责任编辑：申桂萍　宋　佳
责任印制：黄章平
责任校对：陈　颖

出版发行：经济管理出版社
（北京市海淀区北蜂窝 8 号中雅大厦 A 座 11 层　100038）
网　　址：www. E－mp. com. cn
电　　话：（010）51915602
印　　刷：北京晨旭印刷厂
经　　销：新华书店
开　　本：720mm×1000mm/16
印　　张：11.5
字　　数：226 千字
版　　次：2020 年 8 月第 1 版　　2020 年 8 月第 1 次印刷
书　　号：ISBN 978－7－5096－7005－7
定　　价：49.00 元

前　言

房地产行业作为资金密集型行业，与金融有着密切的联系。我国自 1998 年住房市场化改革以来，房地产市场经历了 20 年的开发热潮，房价也一路飙升，吸引了众多资金的参与。而金融因素在房价上升中扮演着什么样的作用，以及房价高涨又带来了什么样的金融风险呢？这些问题吸引了众多学者的关注，也有待未来的研究进一步明晰。因此，本书基于金融学、房地产经济学和空间经济学相关理论，首先深入剖析了我国金融制度改革、货币数量、银行贷款、实际利率等金融因素对房地产价格的影响机理和作用大小，然后系统探讨了我国房地产市场引致的金融风险内在作用机理，以及房地产金融风险在各个部门间和各省（市/区）间的地理空间传染机制和效应。主要内容如下：

第一篇为金融自由化改革篇。第一章和第二章详细分析了我国金融自由化、银行重组改革对我国货币供应量和货币乘数所产生的影响，它们导致了流入房地产市场的资金增长，促进了房价的上涨。

第二篇为货币数量分析篇。第三章从理论上分析了货币供应量对房地产价格的影响，同时分时期建立计量经济模型，实证分析货币数量因素对不同类型房价的影响，发现 2003 年后金融体系的改革促进了货币供应量对房价的影响，同时比较了银行信贷、房地产开发贷款、购房贷款、实际利率等金融因素对不同类型房价的不同影响规律和特征。第四章则分析了日本金融自由化改革前后货币供应量、银行贷款、实际利率等金融因素对土地价格的影响，并与中国的结果进行了对比分析，发现了异同点。

第三篇为房地产价格泡沫篇。第五章在相关理论模型的基础上，实证测量了中国各省及 35 个大中城市不同类型房价被高估的程度，同时检测了日本 20 世纪 80 年代各县不同类型房地产价格泡沫的大小，验证了模型的稳健性，发现我国部分区域中部分省市的房价被高估，但其程度远远小于日本 80 年代的房地产泡沫程度，因此我国需要采取合适的调控政策，以抑制房价的进一步膨胀，预防其所带来的金融风险。

第四篇为房地产价格波动与金融风险篇。第六章结合我国房地产市场的特殊性，分析了各个部门以房地产为中心的利益网络关系，发现了我国的房地产市场是地方政府引导的投资驱动型房地产市场，房价上涨是由各个部门为追求房价上涨所带来的利益而扩张投入房地产的资金所驱动。第七章以江苏省为例，从理论和实证上分析了房地产金融风险在部门间和城市间的传染机理和传染效应，最终形成涉及整个区域和各部门的区域系统性金融风险，并实证比较了房地产金融风险在苏南和苏北传染的不同特征。第八章在解析房价波动所带来的金融风险的理论基础上，检测了房价波动所带来的金融风险在 30 个省份间以及东部、中部和西部地区的空间传染效应，并比较了不同区域的不同空间传染特征和规律，进而提出了针对不同区域的房地产金融风险规避的不同政策建议。

可见，金融因素可以推动房地产价格的膨胀，而房地产价格的过度膨胀又会带来金融风险，影响金融体系的稳定。对于二者关系的研究既能丰富该领域的研究，有重要的学术价值，又有利于为经济的稳健发展提供参考和借鉴，具有重要的实践意义。

目　录

第一篇

金融自由化改革篇

第一章 金融自由化、银行改革与房地产价格变化

随着经济的发展，虚拟经济也越来越繁荣。特别是最近30年来，金融危机与房地产泡沫紧密联系，并对实体经济造成严重的冲击，比如20世纪90年代的亚洲金融危机和2008年的美国金融危机。金融因素和房地产价格之间的关系引起了各界的广泛关注。因为房地产行业是高资金密集型行业，它的发展自然也离不开金融体系，同时，房地产作为一种资产，它的价格也与金融环境密切相关。因此，研究金融体系变化对房地产价格的影响很有价值。对于这个领域，中国与日本的发展情况提供了很好的研究素材，因为二者都经历了金融自由化、高货币供应量和流动性伴随着房价的飙升。

一、中国近20年的发展情况

自改革开放以来，中国一直致力于经济发展。为刺激各经济主体的积极性，中国进行了市场经济改革。之后，中国经济逐渐复苏，并且发展快速。特别是近20年来，中国的经济经历了飞速发展。为了匹配实体经济的发展，中国实施了一系列的金融自由化改革。随着2001年中国加入WTO，金融部门逐步对外开放。2003年开始，合格境外机构投资者（QFII）准许进入中国市场。在2006年12月11日，中国对外国银行开放了整个本国货币业务。从此，越来越多的外国资金开始涌入中国。

同时，中国进行了银行重组改革。在20世纪90年代末，由于长期支持财政和国有企业，四大国有银行存在严重的不良贷款和低资本金问题。为了摆脱这种困境，中国在2003年进行了银行重组改革。2004~2005年，四大国有银行先后重组为股份制企业，并于2006~2010年先后在上海和香港上市。随着国有成分

的减弱以及私有或外国资本的进入，四大银行经营情况好转。银行部门的储蓄快速增加，并且拥有了高水平的流动性。甚至在2007年，银行部门广泛出现了流动性过剩的问题。因此，银行出现了向各产业扩张信贷的动机，特别是房地产行业。

自从1998年进行了住房市场化改革，中国的房地产行业快速发展。2003年开始出现了房地产开发热潮，并且越来越多的资金涌入房地产行业。房地产开发企业数量从1998年的24378家上升到2015年的94197家，其投资额从1998年的3614亿元增加到2003年的10250亿元，进而到2014年的95035.61亿元。同时，商品房价格飞速增长，特别是2003年以后，全国商品房平均价格由1998年的2063元/平方米上涨至2003年的2359元/平方米，进而至2014年的6324元/平方米[①]。在中国城镇化背景下，人们普遍对房价持上升预期，因而，越来越多的个人或单位向房地产投资或投机，企图分得房价上涨背后利益的“一杯羹”。但近几年经常出现的“鬼城”现象，也引起了不少学者关于房价泡沫的担忧。

二、日本20世纪80年代的发展情况

在20世纪80年代，日本在金融和房地产价格方面，经历了与中国相似的情形。在经历了20世纪50年代中期到70年代初的经济高速增长后，日本开始了金融自由化，金融部门开始对世界开放。由1985年《广场协议》引发的日元增值吸引了大量的外国资金，随着房地产价格的快速上涨，外国资金中有不少涌入了房地产行业（Miyazaki，1992）。

同时，金融自由化使大企业、大公司能够从证券市场上融资，因而削弱了他们对其主银行的依赖。随着存款的增加，银行不得不扩张对小公司放贷，其中有很多房地产公司，主要以房地产作为抵押，有的甚至是基于土地的未来价格进行放款。所以，银行信用被过度地投入房地产行业。

由于土地资源的稀缺性和持续上扬的土地价格，日本人对“土地神话”深信不疑。他们争相购买房地产进行投资或者投机。所以，大量资金不断涌入房地产行业，也进一步加速了地价的上涨，特别是在20世纪80年代，日本全国土地价格指数从1976年的59.4增长到1984年的89.0，进而加速增长至1991年的147.8。[②] 然而，在1991年泡沫破灭后，银行面临巨额的不良贷款，公司倒闭，

① 数据来源：《中国统计年鉴》（1999年，2004年，2015年）。

② 数据来源：日本房地产研究所发布的各年“城市土地价格指数”。

失业率增加。这被称为日本经济史上“失去的十年”。

由此可见，近20年来中国的发展情况和20世纪80年代日本在金融和房地产价格发展上有很多相似性。对二者进行比较分析，能够更清晰地揭示金融自由化、货币供应量、银行信贷等金融因素对房地产价格的影响。而且日本经历了整个房地产泡沫产生、膨胀和破灭的过程，其经验和教训对中国的房地产市场的健康发展具有很好的借鉴和参考意义。

第二章　中国金融开放与银行重组改革

很有意思的是，中国从2003年开始金融自由化改革，同时房价也开始飞速增长。二者之间有什么联系？因此，本章将回顾中国金融改革，分析金融自由化对货币供应量进而对房地产投资资金的影响。

一、引言

金融业和房地产业总是无可避免地联系在一起。近20年来发生过的金融危机，如1997年的亚洲金融危机和2008年的美国次贷危机，都是由于金融部门对房地产行业的过度扩张导致的。同时，房地产泡沫也似乎与金融自由化相伴，如20世纪80年代的日本房地产泡沫。21世纪以来，中国出现了与日本20世纪80年代相似的金融开放和本国货币升值的情况。自从2001年加入世界贸易组织（WTO），中国开始了金融自由化改革。然后，合格境外机构投资者（QFII）从2003年开始进驻中国市场。从此，外国资金越来越多地涌入了中国。为了面对金融开放后外国银行带来的新挑战，中国银行在2003年进行了重组改革。四大国有银行重组为股份制银行，并且在证券市场上市。所以，本章主要从历史和制度的角度分析，研究金融开放和银行重组改革对房地产投资有什么影响，是怎么影响的？本书试图解释这些问题，填补现有研究的空白，为以后的研究提供参考，为我国金融改革和房地产调控提供支持。

二、文献回顾

Schumpeter（1911）最早指出金融中介对经济活动有着重要的作用，包括资金流通、风险管理、公司监管和交易成本的降低等。随后，Lewis（1955）、Patrick（1966）、Goldsmith（1969）、MacKinnon（1973）、Shaw（1973）进一步解释了金融发展与经济增长之间的正向关系。有不少研究通过实证分析发现金融发展对经济增长具有重要的促进作用，如 Guiso 等（2009）、De Gregorio 和 Guidotti（1995）的跨国研究；King 和 Levine（1993）对于 1960 ~ 1989 年 80 个国家的面板数据分析；Beck 等（2000）对于 1980 ~ 1995 年 32 个国家的研究，以及 Levine（2002）对于 1980 ~ 1995 年 48 个国家金融增长的分析。Bekaert 等（2005）通过跨国面板数据分析，发现股票市场的自由化，每年平均能促进实际经济增长 1%，同时，资本账户的自由化对未来经济增长也有重要作用。但以往文献主要是跨国研究，而每个国家在不同的金融发展阶段都有自己不同的特征，因此需要根据不同国家在它们具体的发展阶段进行更为具体的研究。

Levine 和 Zervos（1998）认为，金融深度化市场具有高资本市场流动性，可以增加资产的内在价值。Ebrahim 和 Hussain（2010）研究了金融发展对资产价值的影响，且注重跨部门的风险分担和代理成本。这个研究建立在完全市场契约假设之上，在发展中国家比较难实现。由于日本在 20 世纪 80 年代经历了金融改革和房地产泡沫，不少学者（Miyazaki，1992；Okina，2001；Shiratuska，2005）认为，制度性变化和改革，如日本 80 年代的金融自由化改革、广场协议、金融监管的放松，都导致了过多的货币供应量和银行信贷涌入日本房地产行业，促使股票价格和地价都高于其真实价值。Hoshi 和 Kashyap（2000）、Hoshi 和 Kashyap（2001）指出，因为大型生产企业在 80 年代通过发行债券大大减少了对银行融资的依赖，银行不得不向中、小型公司扩大贷款发放，但其中大部分都与房地产行业相关。

对于中国的情况，Wang 等（2011）利用 1998 ~ 2006 年的数据发现，在固定其他传统的供给因素后，城市经济开放程度每上升 1%，城市房价就会增长 0.282%。样本期间，城市经济开放能够解释 15.9% 的房价上涨，这个数据不容我们忽视。与日本 80 年代的情况相似，随着 2003 年以来金融开放和银行重组改革，中国也有大量的资金投入房地产，房价也出现了大幅上涨。因此，中国金融开发和银行重组改革对货币供应量进而对房地产投资的影响，是值得研究的一个问题。

金融开放和银行重组改革对房地产投资及房价产生影响的过程，如图 2 - 1 所示。本章将会重点研究金融开放和银行重组改革怎样影响货币供应量进而影响对房地产的投资。

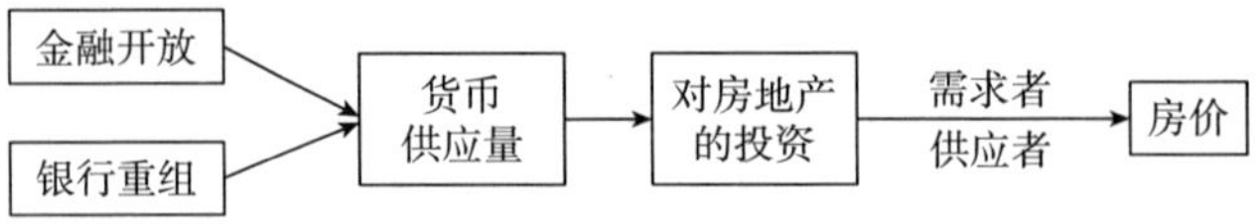

图 2－1　金融自由化和银行重组改革影响房地产投资和房价的过程

三、2003 年以前的金融体系和资金流

有很多研究探讨了中国自 1978 年以来的金融改革，并且将其划分为多个阶段，如表 2－1 所示。尽管这些研究将中国的金融改革划分为不同的阶段，但它们都认为，自 2003 年以来，中国金融或银行部门经历了一个不一样的基础性变革，并且金融自由化改革主要包括金融开放和银行重组。为了更有比较性地理解中国自 2003 年以来的情况，本章首先分析 2003 年之前金融体系和资金流的情况。因而，参考现有文献研究，这里将 2003 年以前的阶段划分为两个时期：1949～1978 年和 1978～2003 年。

表 2－1　关于中国金融改革过程的文献

学者	时期	改革内容
应展宇（2008）	1979～1984 年	建立一个“二元银行体系”，对金融机构初级多样化
	1984～1991 年	金融机构多样化和市场化，初次认识到金融机构和市场的共存
	1992～1997 年	国有银行的商业化改革加速，通过立法规范他们在金融市场和经济中的位置
	1997～2002 年	金融风险控制和金融危机防范
	2002 年以后	金融机构所有权重组和资本市场股权分配的改革
殷孟波和石琴（2009）	1999～2001 年	金融开放的准备阶段
	2002～2006 年	金融开放的转变
	2007～2008 年	全面金融开放
汤泉（2011）	1978～1994 年	金融机构的多样化
	1994～2003 年	金融活动参与者的多样性，对财政的独立性
	2003～2010 年	金融市场化改革和银行结构转换

续表

学者	时期	改革内容
曹远征（2008）	1978～2003年	依赖于财政
	2003年以后	金融组织和公司的结构变革
张鹏和张浩（2008）	1978～2003年	专业银行的建立
	1985～1994年	专业银行占主导地位的金融体系
	1995～2002年	商业银行的加速发展
	2003年以后	国有商业银行的股份制改革
刘锡良和董青马（2008）	1948～1977年	“大一统”的金融体制
	1978～1983年	银行改革初始阶段
	1984～1992年	专业银行的企业化管理
	1993～2002年	国家专业银行向商业银行转变
	2003年以后	与国际规则逐步接轨
闫瑶（2008）	1984～1994年	国有专业银行改革
	1994～2003年	国有商业银行改革
	2003年以后	股份制商业银行改革
姚树洁、姜春霞和冯根福（2011）	2003年以后	银行业发生了根本性变革

（一）1949～1978年的金融体系和资金流

在计划经济体制下，中国的金融体系是一个中央集权的银行体系。1948年12月1日，中国人民银行（PBC）在华北银行、北海银行、西北农民银行合并的基础上成立，PBC被定义为社会主义国家银行。尽管其他金融机构也相继成立或被废除了数次，如中国人民建设银行、中国银行、中国农业银行、农村信用合作社、中国人民保险公司，但它们并不是独立的金融机构，而只是财政部和PBC的派生机构。最后，所有的公私合作银行都被并入了PBC。1957年末，形成了大一统的银行体系。此时，中国只存在一个银行——PBC，且根据行政区划层次在全国设立了PBC的分支机构，其他的金融机构，如中国银行和农村信用合作社都只是PBC的下属单位。

这时的PBC既是中央银行也是商业银行。PBC负责吸收闲散资金为国家的工业化和社会主义改造提供短期信用，为国营经济和合作社提供清算，以及监督农产品和商品的流通和分配。此时，中央政府完全计划和控制着所有银行信用，由PBC总部负责收集存款和分配贷款。企业之间的信用被禁止，只有PBC能提供信用活动。财政部分配企业需要的固定资金和流通资金，只有超过分配限额的流通资金才能通过银行1年以下的短期信用提供。由于财政部将大多数的资金分配给了工业部门，其获得资金远远超过服务部门，所以这个时期存在资金错配问题。1969年，PBC正式并入财政部门。可见，计划经济体制下的PBC只是严格管理资金的一个行政机构。

综上所述，1949～1978年的资金流特征如图2－2所示。王广谦（2008）指出计划经济时期的四大特征：①“大财政小金融”，即金融体系隶属于财政部；②PBC同时扮演中央银行和商业银行的角色；③银行部门的中央集权性计划管理；④企业之间无信用活动。尽管后续的金融改革改变了这些特征，但计划经济时期银行部门对国家财政的依赖仍然对近来的金融改革有着重大的影响。由于PBC是财政部的一个下属单位，1978～2003年的下一步改革主要是加强PBC的独立性。接着，2003年以后的银行重组改革也是为了更进一步地削弱根源于计划经济时期银行部门对国家财政的依赖性。

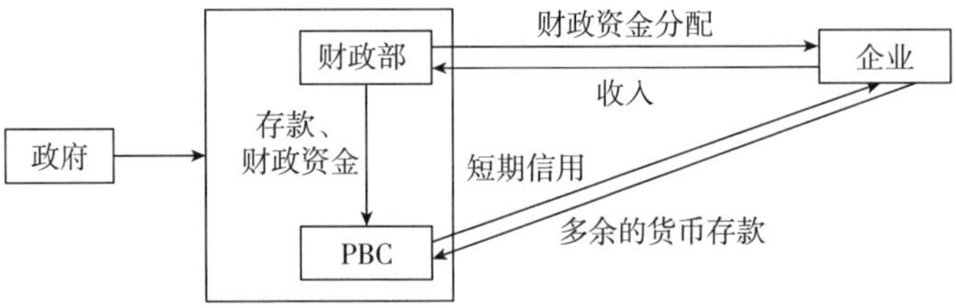

图2－2　1949～1978年的资金流特征

（二）1978～2003年的金融体系和资金流

1978年12月18日，中国共产党召开了十一届三中全会，将促进经济发展设定为战略目标，进而实施了一系列的改革措施，包括金融体系改革。这个时期的金融改革致力于将金融部门从国家财政中独立出来。通过这些改革，中国建立了银行主导型金融体系。

1979年，中国农业银行（ABC）、中国银行（BOC）和中国人民建设银行［中国建设银行（CCB）的前身］从PBC独立出来，分别负责农村改革支持业务、外汇业务和长期建设资金业务。1984年，PBC被设定为专业的中央银行。从此，PBC仅负责中央银行业务，而PBC之前承担的一般性银行业务则转移给了中国工商银行（ICBC）。根据1995年颁发并于2003年修改的《中国人民银行法》，PBC禁止从国家财政借入或借出资金，以及直接买入或卖出国库债券或其他政府性债券。至此，PBC在法律上独立于财政部。

在1982年2月，代替之前由PBC总部对信用完全的直接控制，银行在一个固定的总存贷差界限内拥有一定的自由权。国有企业的运营资金和固定资金分别从1983年6月和1985年1月开始，必须以贷款的形式从银行借出。但银行贷款还是需要按照财政支出计划进行，贷款利率则根据产业政策而制定。尽管一些经营不善的国企无法偿还贷款，但额外的银行贷款还是提供给了它们，以阻止其倒闭。最终，这一政策导致前述四大国有专业银行身陷不良贷款陷阱，无法自拔。为了将四大国有专业银行从财政中分离出来，进行了一系列的改革措施。1994年，建立了三个政策性银行（中国发展银行、中国进出口银行和中国农业发展银行）来接手四大国有专业银行的政策性金融业务，完成了四大国有专业银行向四大国有商业银行的转变。在1998年11月，国家财政部通过发行特殊国债的方式向四大国有商业银行注资2700亿元。然后，在1999年建立了四大金融资产管理公司（信达、华融、长城和东方）来收购、经营和处置四大商行的14000亿元不良贷款。通过这些改革，四大银行不再负责政策性金融业务，拥有了更多的资本金，且从不良贷款问题中解放了出来。但它们仍然是完全国有，没能脱离国家的直接控制。进而有了下一步改革——2003年开始的银行重组改革。

1986年，中国政府决定引进股份制商业银行，因而国务院拨款20亿元，于当年6月重组交通银行。1987年，第二大股份制商业银行——中信实业银行（在2005年改名为中信银行）建立了。接着，在1987～1988年相继建立了另外四家股份制商业银行。1992年，邓小平“南方谈话”后又建立了五家银行。

1978年10月，第一个非银行金融机构——中国国际信托投资公司（CITIC）建立了，并于1982年在日本发行了100亿日元的私募债券，成为中国国内机构在境外发行外币债券的首例。2001年，中国颁布了第一部《信托法》。

同时，证券市场和保险部门也得到了发展。1984年9月，中国第一家股份制企业——天桥股份百货有限公司成立。上海证券交易所和深圳证券交易所分别于1990年12月和1991年6月建立。中国证券监督管理委员会于1992年成立。1982年人寿保险业务解禁，中国保险监督管理委员会（CIRC）于1998年成立。但证券部门和保险部门相比银行部门要小得多，银行信用是融资活动的主要形式。

综上所述，1978～2003年的资金流特征如图2－3所示。通过这段时期的改革，PBC从国家财政独立出来了。但四大国有银行仍然依赖于国家财政，导致四大银行深陷不良贷款和低资金水平问题。中国加入WTO后金融逐渐开放，2003年开始银行重组改革，以减少国家的所有权。

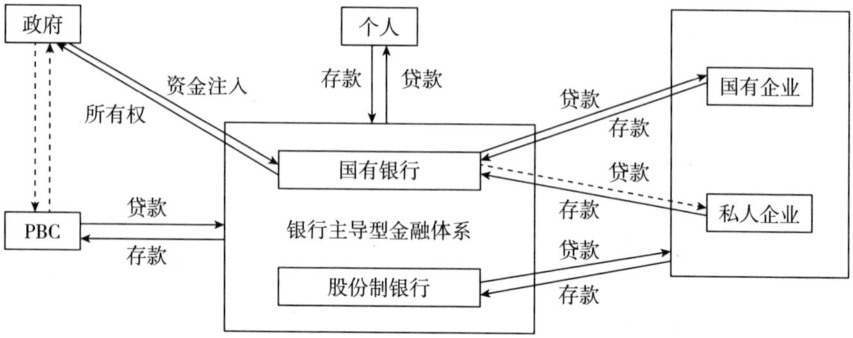

图 2-3　1978~2003 年的资金流特征

四、2003 年后的金融体系、货币供应量和房地产投资

根据第三部分引用的金融改革文献可知，中国金融体系从 2003 年开始经历了一次根本性的变革。国际货币基金组织（IMF）和世界银行（World Bank）（2012）指出，中国银行体系经历了巨大的变化，比如，2003 年中国银行业监督管理委员会（CBRC）的成立，金融部门监管和调控的加强，四大国有银行的股份制转变，农村信用合作社的巩固，股份银行和证券公司的重组，以及保险部门的改革。金融开放和银行重组改革是 2003 年以来金融自由化改革的主要内容。

（一）金融开放对房地产投资的影响

1. 金融开放

加入 WTO 后，中国市场就开始对外开放。根据《中华人民共和国加入 WTO 议定书》，在加入 WTO 五年内，外国金融机构允许向中国所有客户提供本地货币业务，且无地域限制。从此，中国的银行业、证券业和保险业都逐步地对外国投资者开放了。

从 2006 年 12 月 11 日开始，中国履行了承诺，向外国银行全面开放本地货币业务。2004~2011 年，外资银行业营业性机构数量、总资产一直保持高速增长，如表 2-2 所示。外国资本对中国本地银行的投资也在 2004~2006 年达到高峰，共进入 4 家大银行，9 家国家股份制银行，以及 6 个城市商业银行。尽管不能找到 2004 年以前的具体数据，但外国资本对中国本地银行的投资远不如 2004 年以后普遍（Zhang，2012）。

表 2－2 外国银行营业性机构数量及其总资产

年份	2004	2005	2006	2007	2008	2009	2010	2011
外资银行业营业性机构数量	188	207	224	274	311	338	360	387
总资产（十亿元）	582.3	715.5	927.9	1252.5	1344.8	1349.2	1742.3	2153.5
总资产增长率（%）	40.0	22.9	29.7	35.0	7.4	0.3	29.1	23.6

注：外国银行营业性机构包括法人机构总行、分行和附属机构、外国银行分行。

数据来源：Zhang Q. Chinese Financial System：Monetary Policy，Capital Market. Financial Sector [M]. Tokyo：Japan Economic News Press，2012.

根据 WTO 加入协定，中国的证券行业和保险行业也逐步对外国机构开放。第一家中外合资证券公司在 2003 年 4 月 25 日成立。瑞士银行公司和野村证券在 2003 年 5 月 27 日成为第一批合格境外机构投资者（QFII）。2003 年底 QFII 数量增加到 10 个，共有 19 亿美元进入中国市场。截至 2011 年末，共有 110 个机构通过 QFII 认证，且拿到了 216 亿美元的证券投资限额。图 2－4 描述了 2003～2011 年的 QFII 资金流。2003 年开始，QFII 汇入资金呈增长状态，在 2006 年达到 34.5 亿美元的高峰。随后在 2007 年和 2008 年有所下降，但在 2009 年又反弹至 37 亿美元的最高点。

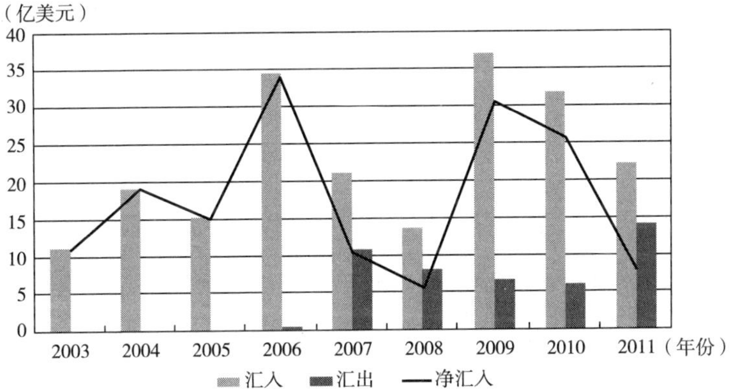

图 2－4 2003～2011 年 QFII 的汇入与汇出资金流

数据来源：根据中国外汇管理局发布的《2011 中国跨境资金流动监测报告》中的数据整理所得。

中国的外汇体系也开始改革以达到国际标准。盯住单一美元的外汇体系在 2005 年 7 月 21 日转变为以市场供求为基础、参考一篮子货币进行调节、有管理的浮动汇率制度，并且人民币对美元增值 2%，到达 8.11 的水平。随着人民币的升值，大量投机资金涌入中国。表 2－3 描述了 2001～2011 年涌入中国的“热钱”资金流。2001 年和 2002 年，热钱是外流状态。但从 2003 年开始，除 2006 年以外，外流变成了内流，并且在 2004 年达到了 768 亿美元的高峰。2003～2011 年，总共有 3670 亿美元的热钱流入了中国。

表 2－3　2001～2011 年涌入中国的热钱资金流　　单位：十亿美元

年份	2001	2002	2003	2004	2005	2006	2007	2008	2009	2010	2011
数额	－25.7	－16.1	40.2	76.8	46.2	－27.4	57.8	32.7	29.1	75.0	36.6

数据来源：根据中国外汇管理局发布的《2011 中国跨境资金流动监测报告》中的数据整理所得。

综上所述，金融开放吸引了大额外资内流。这对房地产投资有两种影响：第一，外资可以直接投资到高利润产业，比如房地产业。第二，外资内流可以增加外汇储备，中央银行不得不发行本国货币以维持外汇的稳定，进而导致基础货币增加，数倍放大经济中的货币供应量。

2. 金融开放、基础货币和房地产投资

金融开放使跨境资金流动更自由，所以能够增加流入金融市场及其他行业的外资。例如，许多学者发现，金融开放和贸易开放之间有正相关关系（Whitman，1969；Aizenman 和 Noy，2009；倪克勤和郑平，2004；韩凤舞，2011），金融开放能够促进国际贸易进而带动外资流入其他行业。

据中国证券监督管理委员会统计，流入中国的外资主要有四种：外贸顺差、外商直接投资（见图 2－5）、在外国证券市场上的筹资（见表 2－4）及热钱（见表 2－3）。

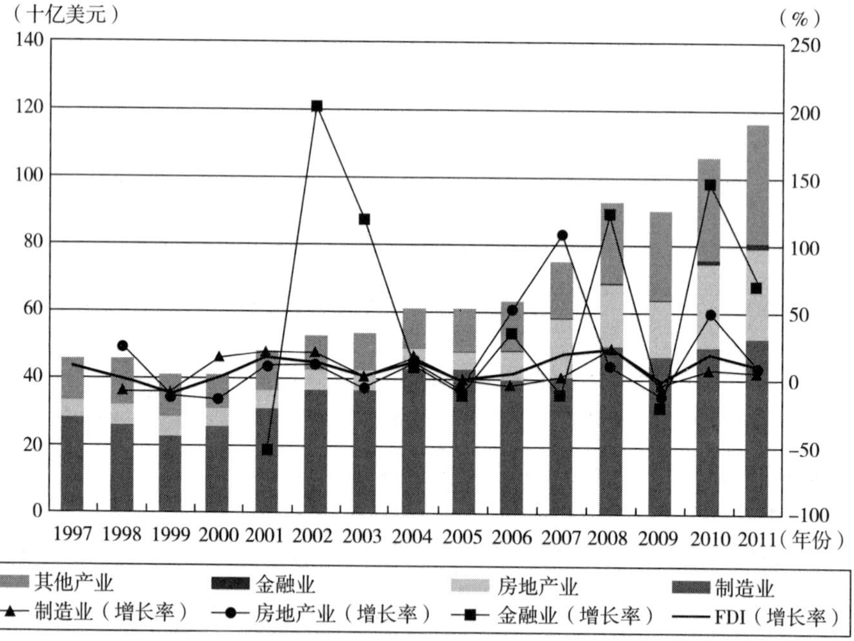

图 2－5　1997～2011 年外商直接投资流量的增长率及其组成部分

注：右纵轴为外商直接投资流量的增长率，左纵轴为外商直接投资流量的组成部分。

数据来源：根据《中国统计年鉴》（1999～2012 年）中的数据整理所得。

图2－5描述了1997～2011年外商直接投资（FDI）流量的增长率及其组成部分。FDI流量由1999年的403亿美元增加到2011年的1160亿美元，最大增长率为2008年的23.6%。FDI主要流入了制造业，在2004年占比71%。但这之后流入制造业的FDI流没有明显增长，在2011年占比降到45%。增加的是进入房地产业的FDI流，从2005年的占比最低点9%（54亿美元）急剧增长到2011年的23.2%（269亿美元），在2007年的增长率一度达到107.7%。进入金融业的FDI流从2000年开始增加，尽管其绝对占比很小，从2000年的0.2%到2011年的1.7%，但其在2002年后维持着较高的增长率。有意思的是，表2－3中的热钱和进入房地产行业的FDI都同时在2004年、2007年和2010年达到波峰，说明房地产行业可能是外资内流的主要目标之一。可见，随着中国金融市场的开放，越来越多的资金流入房地产行业。取代之前的实体经济，如制造业，虚拟经济如房地产行业和金融行业等对FDI流的增长的贡献度越来越大。

表2－4展示了由境外证券市场筹集的资金流量，从2002年的23.3亿美元增加到2006年的390.7亿美元，接着在2007年和2008年有所下降，然后又回弹至2010年的349.1亿美元。

表2－4 2002～2011年由境外证券市场筹集的资金流量

年份	2002	2003	2004	2005	2006	2007	2008	2009	2010	2011
资金流量（十亿美元）	2.33	6.49	7.83	20.55	39.07	12.63	4.57	15.71	34.91	11.24
增长率（%）	—	179.18	20.57	162.55	90.08	－67.66	－63.84	243.91	122.23	－67.82

数据来源：中国证券监督管理委员会。

随着外资内流的增长，外汇储备也在不断增加。如图2－6所示，外汇储备增量在2002年和2003年主要来源于外商直接投资，2004年主要来源于热钱，2005～2011年主要来自于外贸顺差。2003～2011年，外贸顺差占外汇储备增量的平均比重高达44.1%，外商直接投资占比26.7%，热钱占比15.5%，境外证券市场的筹资最少，占比5.6%。Kraay（1998）利用国际收支平衡表制定了一个金融开放指数，即用金融账户下的金融直接投资、证券投资和其他投资的流入额和流出额的总和除以GDP。Lane和Milesi－Ferretti（2001）、Lane和Milesi－Ferretti（2003）、Lane和Milesi－Ferretti（2007）进一步发展了这个指数，将存量数据代替流量数据。黄玲（2007）也认同这个指数，并且将GDP进行了购买力平价（PPP）转换。基于这些研究，本书计算了外商直接投资、境外证券市场筹资及热钱流量之和除以外汇储备增量的平均，比重为47.8%，甚至高于外贸差额流量的平均占比，说明金融开放在很大程度上促进了外汇储备的增长。而且，外汇储备的增长率波动情况与外商直接投资的增长率波动情况最为相似。所以，不能否认外商直接投资变动对外汇储备变化的影响。

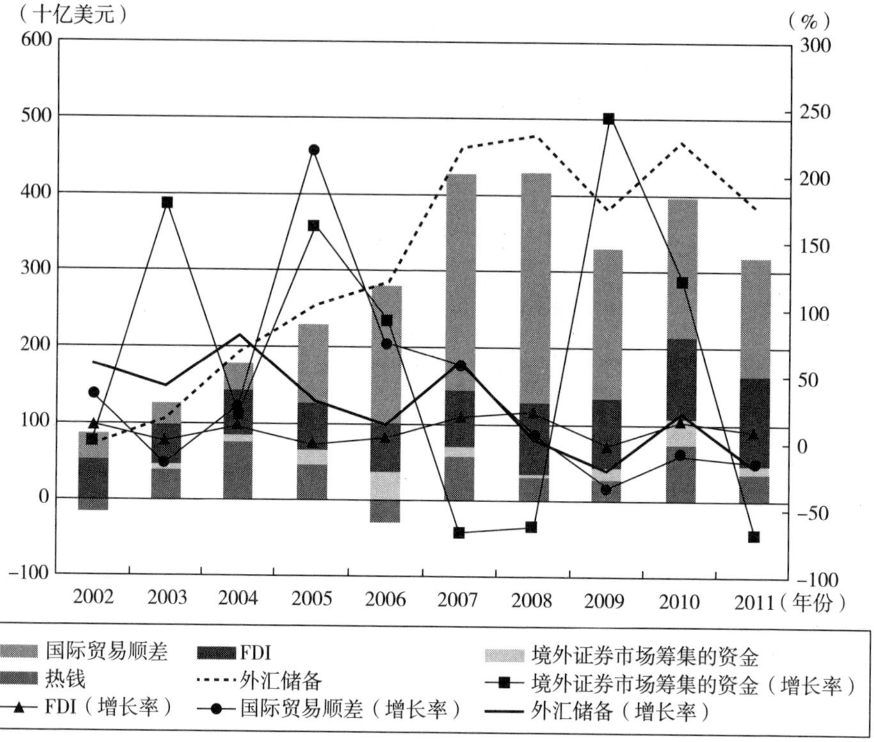

图 2－6　2002～2011 年外汇储备增量的组成及其增长率

注：本图中的数据为流量数据，其中左纵轴表示外汇储备增量的组成，右纵轴表示其增长率。

数据来源：根据中国外汇管理局发布的各年的《中国跨境资金流动监测报告》，中国证券监督管理委员会，和各年《中国统计年鉴》中的数据整理所得。

根据货币当局资产负债表，将净国外资产、对其他存款性公司债权、对非金融性公司债权和对政府的净债权的总和减去货币当局发行的债券，余额非常接近于基础货币（李治国，2007）。表 2－5 展示了 1985～2011 年的基础货币。2000 年前，基础货币主要来自于对其他存款性公司债权，表明中央银行对其他商业银行的信贷是基础货币的主要组成部分。但其对基础货币的比值从 1985 年的 98.5% 下降到 1999 年的 46.7%。随后，其比值从 2002 年开始低于净国外资产对基础货币的比值，并于 2011 年下降到 5.1%。净国外资产对基础货币的比值从 2003 年开始快速增长，由 2002 年的 50.6% 增长到 2008 年的 125.2%，然后缓慢下降到 2011 年的 115.9%。这表明从 2002 年开始，外汇储备是导致基础货币上涨的主要原因。为了抵消外汇储备带来的基础货币增长，货币当局开始增发债券。债券发行量从 2002 年的 1488 亿元增长至 2011 年的 23337 亿元。然而，相对于外汇储备的增长数量，这根本不足以阻挡基础货币的快速增长。由此可见，外汇储备的快速上升导致了基础货币的剧增。这与其他学者的观点一致。李治国（2007）指出，外汇储备极大地带动了近年来基础货币的上涨。陆前进和朱丽娜（2011）认为，外汇储备是2003～2011年基础货币上涨的主因。王国刚（2012）发现，中国人民银行（PBC）运用金融机构上缴的法定准备金向金融机构购买国外资产，这就是近年来的货币紧缩政策并没有降低基础货币及货币供应量的原因。

表2-5 1985～2011年基础货币的构成 单位：十亿元

年份	净国外资产（FA）	对其他存款性公司债权（CD）	对非金融性公司债权（CN）	对政府的净债权（CG）	债券发行（BM）	FA+CD+CN+CG	FA+CD+CN+CG-BM	基础货币
1985	14.57	224.86	0	-9.33	0	230.10	230.10	228.41
1990	82.05	509.07	0.57	42.07	0	633.76	633.76	638.73
1995	666.95	1151.00	18.16	60.94	19.71	1897.05	1877.34	2075.98
1996	956.22	1451.8	11.77	35.74	0	2455.53	2455.53	2688.85
1997	1322.92	1435.79	207.23	9.69	11.89	2975.63	2963.74	3063.28
1998	1356.03	1305.8	296.28	-14.32	11.89	2975.63	2963.74	3063.28
1999	1445.85	1537.39	383.31	-20.33	11.89	3346.22	3334.33	3362.00
2000	1518.89	1351.92	860.04	-151.76	0	3579.09	3579.09	3649.14
2001	1935.13	1131.16	854.73	-2.92	0	3918.10	3918.10	3985.17
2002	2281.98	998.26	724.03	-22.16	148.75	3982.11	3833.36	4513.82
2003	3065.93	1062.95	725.60	-205.37	303.16	4648.11	4344.95	5284.14
2004	4639.79	937.64	886.51	-286.26	1107.9	6177.68	5069.78	5885.61
2005	6269.76	781.77	1322.61	-463.48	2029.60	7910.66	5881.06	6434.10
2006	8484.63	651.67	2194.98	-735.43	2974.06	10595.85	7621.79	7775.78
2007	12387.79	786.28	6.36	-80.34	3446.91	13100.09	9653.18	10154.54
2008	16181.09	843.25	4.41	-76.79	4577.98	16951.97	12373.99	12922.23
2009	16967.10	716.19	4.40	-556.44	4206.42	17131.25	12924.83	14398.50
2010	21469.95	948.57	2.50	-885.62	4049.72	21535.40	17485.68	18531.11
2011	23519.87	1024.75	2.50	-733.4	2333.67	23813.72	21480.05	22464.18

注：借鉴陆前进和朱丽娜（2011）以及李治国（2007），本表中的基础货币由货币当局资产负债表中的储备货币代表。

数据来源：根据《中国统计年鉴》（1985～2012年）中的数据整理所得。

外汇储备的增长通过增加基础货币进而多倍放大货币供应量，带来经济体中资金的上涨。图2-7展示了1997～2011年的外汇储备存量、基础货币、M2及其增长率。外汇储备存量在2000～2004年快速增长，并且在2004年达到50483亿元的顶点，这与基础货币的数量（58856亿元）非常接近。然后，外汇储备存量稍高于基础货币。尽管M2的增长看似比较平稳，在20.0%左右小幅波动，但

M2/GDP 在 2002 年以来却保持着高于 150% 的水平，从 2009 年开始甚至达到了 180.0%。外汇储备与 GDP 的比值自 2003 年以来也超过了 25.0% 或以上，在 2007 年甚至大于 40.0%。这些都表明，从 2003 年开始，外汇储备和 M2 的增幅都大大超过了 GDP 的水平。值得注意的是，外汇储备存量、基础货币和 M2 达到峰值的年份都相同或非常接近，如 2003 年或 2004 年、2007 年、2009 年或 2010 年。这些都说明外汇储备的增长带动了基础货币的上涨，进而带来 M2 的快速增长，特别是从 2004 年开始。

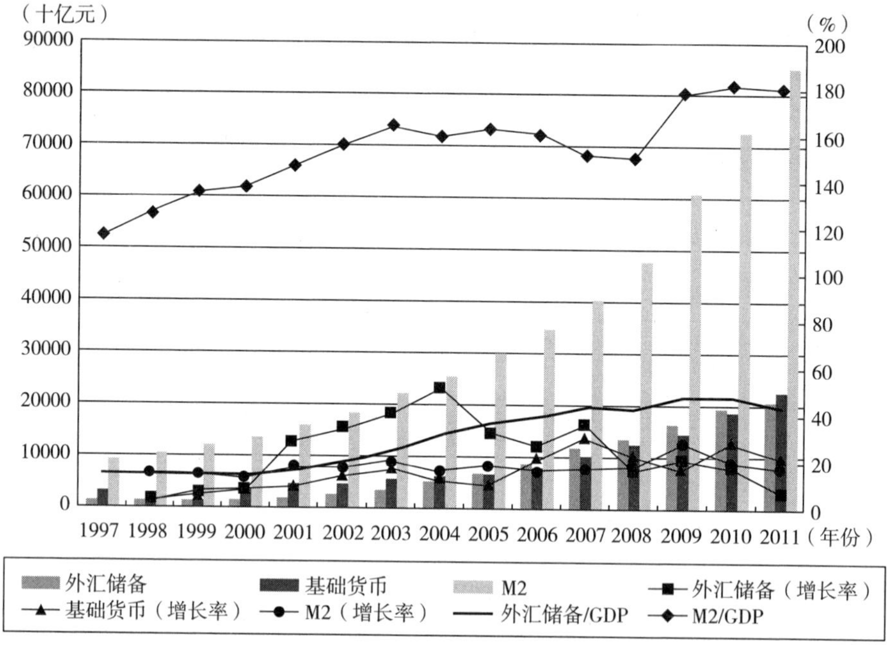

图 2-7　1997~2011 年的外汇储备存量、基础货币、M2 及其增长率

数据来源：根据《中国统计年鉴》（1999~2012 年）中的数据整理所得。

综上所述，金融开放改革和国际贸易顺差导致了大量外资涌入中国。这导致了外汇储备的急剧上升，从而带动了基础货币进而货币供应量的上涨。尽管中国经济受到了 2008 年全球经济危机的影响，但中国政府在 2009 年采取了货币宽松政策，也导致了货币供应量的进一步上升。随着货币供应量的上涨，经济体中大量资金开始寻找投资机会或投机机会。由于中国人口众多，加上城镇化的推进，人们对房价上涨的预期强烈，所以大量资金涌入房地产行业以追寻利润。

（二）金融自由化改革对房地产投资资金的影响

1. 银行自由化改革

为了增强竞争力，中国金融体系开始进行改革。金融机构的结构性改革是改革的重点，例如，四大国有银行转变为股份制公司、农村信用社的加强、股份制银行及证券公司的重组、保险部门的改革等。

2003 年 12 月 30 日，中国政府通过中央汇金投资有限责任公司，向中国银行（BOC）和中国建设银行（CCB）注资了 450 亿美元，标志着四大国有商业银行的股份制改革。整个改革过程主要分为两步：第一步，为了解决四大国有商行的低资本充足率和高不良贷款比率问题，政府通过对其注资以帮助它们建立或转变为股份有限制责任公司；第二步，让重新建立的股份有限制公司在上海证券交易所或深圳证券交易所上市。四大国有商行的具体改革过程如表 2－6 所示。通过政府注资或在金融市场上筹集资金，其他商业银行和农村信用社也进行了改革或重组。这些改革带来了商业银行资本充足率的上升。如表 2－7 所示，高于资本充足率标准线的商业银行，从 2003 年的 8 家（占比 0.6%）上升到 2009 年的 239 家（占比 100%）。它们的不良贷款比率也在降低，从 2003 年的 17.9% 下降到 2011 年的 1%，如表 2－8 所示。

表 2－6　四大国有商行的改革进程

<table>
<tr><th colspan="2"></th><th>BOC</th><th>CCB</th><th>ABC</th><th>ICBC</th></tr>
<tr><td colspan="2" rowspan="3">成立、合并与分离</td><td rowspan="2">1912 年成立
1952 年并入 PBC</td><td>1954 年成立</td><td>1955 年成立</td><td>—</td></tr>
<tr><td colspan="2">1968 年并入 PBC</td><td>—</td></tr>
<tr><td colspan="3">1979 年从 PBC 分离出来</td><td>1984 年从 PBC 分离出来</td></tr>
<tr><td colspan="2">不良贷款的处理</td><td colspan="4">1998 年财政注资了 2700 亿元
1999～2001 年将 14000 亿元不良贷款转让给四大金融资产管理公司</td></tr>
<tr><td rowspan="5">重组</td><td>中央汇金公司注资</td><td colspan="2">2003 年给 BOC 和 CCB 注资 450 亿美元</td><td>2008 年 10 月
190 亿美元</td><td>2005 年 4 月
150 亿美元</td></tr>
<tr><td>其他政府补助</td><td colspan="2">2004 年政府放弃了 BOC 和 CCB 的 3000 亿人民币权益</td><td>—</td><td>—</td></tr>
<tr><td>债券</td><td>2004 年 7 月开始发放 600 亿元金融债券</td><td>2004 年 7 月开始发放 400 亿元次级债券</td><td>2009 年 5 月开始发放 500 亿元次级债券</td><td>2005 年 8 月开始发行 350 亿元次级债券</td></tr>
<tr><td>转换为股份制银行</td><td>2004 年 8 月</td><td>2004 年 9 月</td><td>2009 年 1 月</td><td>2005 年 10 月</td></tr>
<tr><td>来自境外战略投资者的投资</td><td>2005 年
8 月至 12 月</td><td>2005 年 8 月</td><td>—</td><td>2006 年 1 月</td></tr>
<tr><td rowspan="2">上市</td><td>香港证券交易所</td><td>2006 年 6 月</td><td>2005 年 10 月</td><td>2010 年 7 月</td><td>2006 年 1 月</td></tr>
<tr><td>上海证券交易所</td><td>2006 年 7 月</td><td>2007 年 9 月</td><td>2010 年 7 月</td><td>2006 年 1 月</td></tr>
</table>

数据来源：根据各年《中国金融年鉴》及 PBC 提供的数据整理所得。

表 2-7　高于资本充足率标准线的商业银行数量及其占比

年份	2003	2004	2005	2006	2007	2008	2009
数量（家）	8	30	53	100	161	204	239
占比（%）	0.6	47.5	75.1	77.4	79	99.9	100.0

数据来源：《中国金融年鉴》（2003～2010 年）中的数据。

表 2-8　商业银行不良贷款的数量及其比率

年份	2003	2004	2005	2006	2007	2008	2009	2010	2011
数量（十亿元）	2104.5	1717.6	1219.7	1170.3	1270.2	563.5	506.7	4336.0	4278.7
比率（%）	17.9	13.2	8.9	7.5	6.1	2.4	1.6	1.1	1.0

数据来源：根据中国证券监督管理委员会所提供的数据整理所得。

2. 银行重组改革、货币乘数及房地产投资资金

叶翔和梁珊珊（2011）分析了影响中国货币乘数的因素，发现资本充足率的改进和不良贷款比率的下降促进了货币乘数的上升。如表 2-7 和表 2-8 所示，银行重组改革极大地提升了银行资本，且改善了不良贷款问题。这将带动货币乘数的上升。

此处，我们采用 M2 和基础货币（BM）之间的货币乘数，即 $M2 = mm \times BM$。这里，mm 代表货币乘数。$M2 = C + D$，C 为流通中的现金，D 为银行存款。$D = CD + QD$，CD 代表活期存款，而 QD 是准货币，包括定期存款、储蓄存款和纳入到 M2 的其他存款。$BM = C + R$，R 是存款准备金。那么，$mm = M2/BM = (C + D) / (C + R) = (C/D + 1) / (C/D + R/D)$。可见，mm 的大小取决于 C/D 和 R/D。图 2-8 描绘了 1993～2011 年的货币乘数、C/D 和 R/D。随着银行体系的改进和金融创新工具的发展，银行吸引了越来越多的存款，从而降低了现金比率（C/D）。C/D 在 1993 年为 0.2，然后从 2003 年开始降低到了 0.1 以下，在 2011 年甚至跌至 0.06。现金比率的降低使得货币乘数由 1993 年的 2.65 上升到 2005 年的 4.64①。从 2006 年开始，由于中央银行的货币紧缩政策，存款准备金率（R/D）快速上升，导致货币乘数从 2006 年开始有小幅下降。但是，由于银行体系的改进促使了 C/D 的下降，从而导致货币乘数在 4.0 的高位附近波动。事实

① 因为 C/D 和 R/D 都小于 0.22，二者之和小于 1，那么，（C/D + R/D），即 mm 求值公式中的分母小于 1。因此，假设 R/D 取值不变，C/D 的降低会带来 $mm = (C/D + 1) / (C/D + R/D)$ 的上升，而R/D 的增长会带来 mm 的下降。

上，C/D 下降带来的存款上升，使银行能够提供更多的贷款，加快其信用活动，从而促进货币乘数的上升。因此，银行重组改革促进了银行体系效率的改进，扩展并加速了银行信用活动，从而使货币乘数自 2002 年以来的大部分年份都达到 4.0 以上。

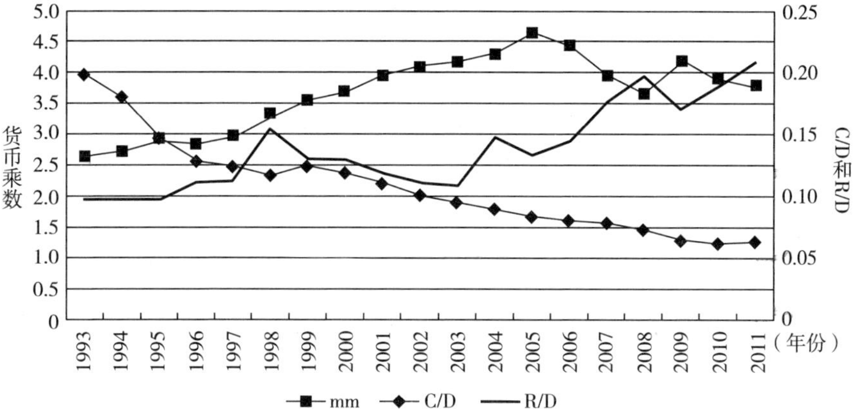

图 2－8　1993～2011 年的货币乘数、C/D 和 R/D

数据来源：根据 PBC 和各年《中国金融年鉴》中的数据整理所得。

银行重组改革对房地产投资资金有两方面影响：①银行重组改革降低了银行部门的国有成分，增加了外资和私人投资者的权益比重，从而提高了银行的市场化属性。随着存款的上升，银行不再像 1987～2003 年那样一味地资助国有企业，而是会选择向高盈利行业发放贷款，比如房地产行业。②银行重组改革提高了银行的融资效率，银行体系中的资金充足。因此，在储蓄水平不断上涨的情况下，银行必须通过扩张贷款发放数量以获取利润。这会导致货币乘数的上升，由此带来货币供应量的增多，进而房地产投资资金的上涨。图 2－9 描述了 1994～2011 年的货币乘数、M2/GDP、金融机构总存款余额/GDP 和金融机构的总贷款余额/GDP。很明显，这四个变量呈现出了相同的波动趋势，特别是 M2/GP、总存款余额/GDP。货币乘数从 2002 年超过 4.0，且在 2005 年达到峰值 4.46。M2/GDP、总存款余额/GDP 和总贷款余额/GDP 都在 2003 年达到峰值。然后，M2/GDP 和总存款余额/GDP 处于一个高于 1.5 的新水平，尽管在 2007 年和 2008 年有少许下降。总贷款余额/GDP 除 2008 年外也一直高于 1.0。

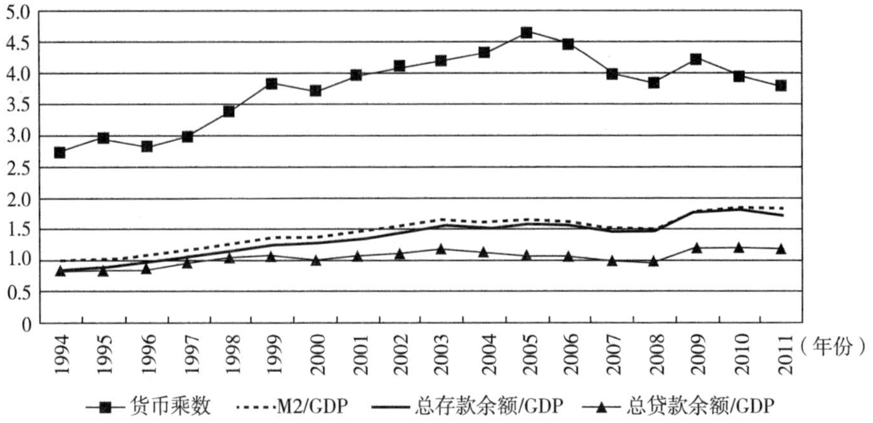

图 2－9　1994～2011 年的货币乘数、M2/GDP、金融机构总存款余额/GDP 和总贷款余额/GDP

数据来源：根据《中国统计年鉴》（2012 年）和各年《中国金融年鉴》中的数据整理所得。

因此，货币乘数的上涨与经济中的存贷款扩张有着密切的联系，进而带来 2003 年之后的货币供应量增长。

综上所述，2003～2011 年，金融开放和银行重组改革分别促进了基础货币和货币乘数的上涨，进而导致经济中货币供应量的上升。而货币供应量的上升又使流入房地产业的资金增加。图 2－10 描述了这个过程。如 Liu（2013）的研究所示，2003 年金融改革后，基于不同时期的 VAR 模型，货币供应量对商品房价格的影响得到了很大提高。

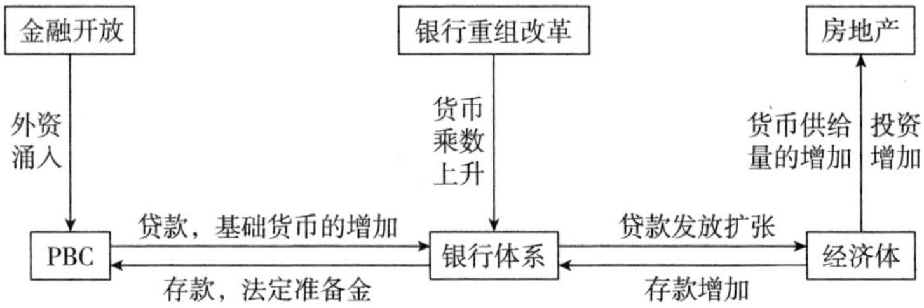

图 2－10　2003～2011 年的资金流特征

3. 货币供应量和房地产投资资金的上涨

以上分析表明金融开放和银行重组改革促进了货币供应量的上升。在中国金融市场不发达、缺乏金融投资产品的背景下，伴随着城镇化及房价上涨预期，大量的资金流入房地产行业。熊伟（2007）、胡冉（2009）和 Liu（2013）均发现超额货币供应量和流动性对中国房价上涨具有重要的促进作用。周京奎（2005）、Liang 和 Cao（2007）指出，银行信贷的扩张是房价上涨的主要原因之一。

我们必须弄明白货币供应量是如何投入房地产的。首先，由于房地产行业具有资金密集性的特征，银行信用是资金流入房地产行业的一个主要渠道。伴随着流动性过剩，银行体系扩张了对房地产行业的贷款。而且随着房价上涨，房地产贷款被认为是优质贷款。金融机构对房地产行业的贷款余额占总贷款余额的比重由 2003 年的 11.6% 上升到 2011 年的 19.6%①。周京奎（2005）、Liang 和 Cao（2007）也指出，银行信贷对房地产行业的扩张促进了房价的上升。房地产开发企业（房市的供给方）和个人（房市的需求方）都可以从银行获取贷款。另外，由于城市土地国有体制，地方政府也可以从银行获取土地使用权抵押贷款。邱峰（2012）指出，地方政府可以通过土地抵押从银行获取贷款，同时也可以通过直接的土地使用权交易以及其相关间接税获取资金。据国家审计局披露，截至2010年底，地方政府债务余额达到了 10.7 兆亿元，其中有 79%（8.5 兆亿元）来自银行贷款。

其次，随着货币供应量的增加，个人和机构能够持有更多的资金用来投资②。因为中国金融市场还在发展中，现有的金融投资产品并不能满足个人和机构的投资需求，所以房地产就成为一个投资的好选择。个人和机构可以通过购买房屋进行直接投资，也可以通过证券市场或金融信托产品进行间接投资。在直接投资方面，温州炒房团③被不少文献当作私人炒房的典型例子，如唐高平（2006）等。近年来，“鬼城”也不断出现，引起了各界不少的关注。在个人和机构的间接投资方面，房地产信托产品的投资也增长迅猛，从 2003 年第二季度的 10 亿元上涨到 2012 年第四季度的 845 亿元④。正如邱峰（2012）所指出的，在缺少投资产品的背景下，房地产信托产品因高利润及严格的风险控制，受到了投资者的极大欢迎。

最后，外国资本也可以通过外商直接投资、“热钱”或国外证券市场等方式投资中国房地产。中国人民银行（2004）指出，外资进入房地产市场有以下四条途径：①直接成立房地产开发企业或持有国内企业的股份；②债券市场间接投资

---

① 金融机构对房地产行业的贷款余额 = 房地产开发贷款余额 + 购房贷款余额。房地产开发贷款余额、购房贷款余额和金融机构总贷款余额来自 PBC 各季度发行的《中国货币政策执行报告》。

② 这里，个人和机构持有的资金在图 2 - 11 中被称为“私有资金”。

③ 温州炒房团由数百名温州商人组成，致力于进行房地产投机。第一个温州炒房团在 2001 年 8 月 1 日来到上海，157 名成员在 3 日之内买了超过 100 套房子。然后，越来越多的温州炒房团进入越来越多的城市进行房地产投机，如杭州、青岛、重庆和沈阳等。温州炒房团所抵达城市的房价都会出现大幅上涨。

④ 数据来源于用益信托网。

或通过外资房地产中介公司大量购买房产然后再零售赚差价；③国外银行向房地产公司和消费者发放贷款；④非居民外汇在结汇后购买房产。事实上，途径①②的后半部分以及③都来自于外商直接投资，而途径④则来自于“热钱”，途径②的前半部分是通过境外证券市场实现的。投入房地产行业的 FDI 的比重不断增长，从 2003 年的 9.8% 上升到 2011 年的 23.2%（269 亿美元）。He 等（2011）指出 FDI 对房价上涨有重要的促进作用。刘莉亚（2008）、赵文胜等（2011）均认为热钱的涌入显著推动了中国房价的上涨。

因此，货币资金如何涌入房地产的过程可以由图 2－11 展示。

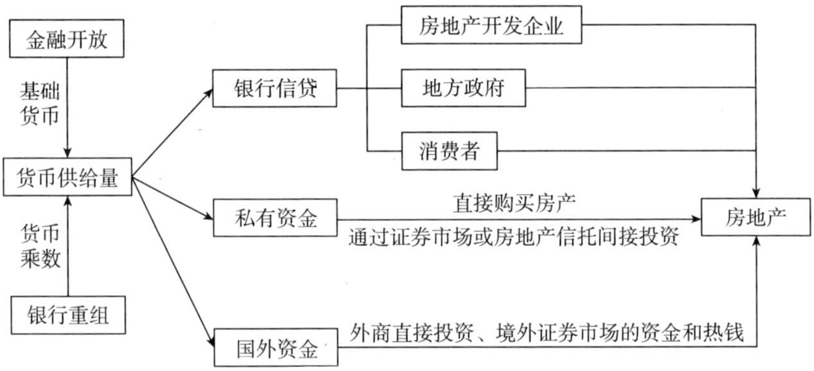

图 2－11　货币资金涌入房地产的过程

五、总结

本章从历史及制度上分析了中国的金融改革，并且探讨了 2003 年以来的金融开放和银行重组改革对货币供应量及流入房地产的资金的影响。主要结论总结如下：

第一，通过对不同阶段金融改革特征的历史性分析，我们发现银行部门对政府财政的依赖甚至可以追溯到计划经济时期，当时中国人民银行只是财政部的一个下属部门。尽管 1987～2003 年的金融改革使中国人民银行从国家财政中分离出来，但商业银行部门还是极大地依赖国家财政，并且深陷高不良贷款率和低资本充足率的问题中。这就是 2003 年以来的银行重组改革要降低国有比例、改进银行经营状况的原因。

第二，对金融开放的制度分析及数量分析表明，金融开放促进了外资的流入，进而增加了外汇储备，最终导致了基础货币的增加。这可以解释为什么近年来紧缩性货币政策并没有降低货币供应量。随着外资的涌入，外汇储备上涨，进而基础货币及货币供应量不断上涨，导致流入房地产的资金也不断增加。而且，外资可以直接投资房地产，20%左右的外商直接投资流入房地产行业。

第三，银行重组改革极大地改善了银行部门的运营情况，提高了其融资和资金管理的效率，因而促进了货币乘数的上涨。这就是为什么近年来货币乘数一直高居于4.0左右的原因。高货币乘数也是货币供应量快速上升的一个重要原因，最终很大一部分的货币供应量流入房地产。另外，随着存款的增长，银行体系必须发放更多的贷款以获取利润，而高利润的房地产行业就成为了它们的一个好选择。

第二篇

货币数量分析篇

通过第一篇的分析，我们发现金融自由化改革导致了经济中货币供应量过多，使得过多的资金涌入房地产行业，从而促进了房地产价格的上涨。那么，货币性因素如货币供应量、银行信贷等在金融自由化改革前后对房地产价格的影响到底有多大差异呢？本篇就这个问题，将分别对金融自由化改革前后的中国和日本进行深入研究。

第三章　中国货币供应量和银行信贷对房价的动态影响

一、引言

在1998年住房市场商业化改革后，中国房价增长迅猛。平均商品房价格从1998年的2063元/平方米增长到2009年的4681元/平方米。近年来房地产价格的飙升，引起了人们对于房价泡沫风险的担忧。为了调控房地产价格，中国政府从2003年以来颁布了一系列的政策，特别是货币紧缩性政策。尽管几经努力，房价还是一路飞涨。2011年，政府开始出台有史以来最严厉的限购调控政策①。尽管随后房价上涨有所减缓，但禁止购房与贷款的政策充斥了过多的行政强制力量而无法长期持续。从长远来看，运用货币政策调控房价应该是最有效的。2015年以前，长短期存款利率（货币价格）基准利率主要由中央银行决定，并设定了浮动上限。然而，货币供应量作为货币政策调控的官方中介目标（夏斌和廖强，2001），却一直在大幅的上涨。这引起不少人担心货币供应量的快速增长将驱动房价的飙升。因此，本章从货币政策数量方面，即货币供给量来分析其对房价波动的影响。以下问题亟待解决：货币供应量对房价的影响是什么？是怎么影响的？影响幅度有多大？立足于此，本章将基于VAR模型（Vector Autoregression Model），分析在2003年金融自由化改革前后货币供给量对中国房价的动态影响，试图为货币政策对房价的调控提供参考。

---

① 中央政府颁布的统一限购政策如下：本地家庭不允许购买三套或以上的住房，而非本地家庭不允许购买两套或以上住房。而且，银行不能给同一家庭的第三套房产提供购房贷款。各城市地方政府根据当地的情况，甚至出台了更严厉的限购政策，如每个北京本地家庭只能购买一套住房。

二、文献回顾

大部分的国外相关文献都主要集中于研究发达国家，而且采用利率作为货币政策代表变量，研究货币政策冲击不是货币供应量冲击对房价的影响。比如，短期利率被以下众多研究引用：Sims（1991）、Carlino 和 DeFina（1998）、Bruneau 和 De Bandt（2003）、Yang 等（2010）、Musso 等（2011）是关于美国和欧盟区域国家的研究；Sousa 和 Zaghini（2007）是对于美国、欧盟、日本、英国和加拿大的研究；Bjørnland 和 Jacobsen（2010）是关于挪威、瑞士和英国的研究。这些文献的研究对象都是发达国家。在这些高度市场化的国家中，利率能够灵活地反映货币供给和需求状况，所以利率是这些国家官方货币政策调控的中介目标。

另外，货币供应量作为货币的数量指标，仅仅被少数国际研究引用，以研究其对房价的影响。Lastrapes（2002）发现，实际房价与销售额在短期都对货币供给量冲击有正向反应，因为货币供应量的增加会降低利率和购买者成本，进而提升住房市场需求。Yu 和 Lee（2010）发现，货币供应量、公司债权收益、建筑房屋许可数量、收到的建房要求都对韩国的房价波动有很强的解释力。

中国的超额货币供给量也引起了不少学者的关注。易纲（1995）假定传统数量理论中的货币流通速度固定不变，运用费雪方程式的对数形式发现在 1984 ~ 1994 年 M2 被过度供给了 5.4%。胡正（2011）、立道和范修礼（2010）认为，自 1980 年以来中国大部分年份，存在货币过度供给现象。熊伟（2007）认为，支出流动性过剩导致了银行的信贷扩张，进而增加了房地产市场上的投资，并最终促进了房价的上涨。胡冉（2009）认为货币供应量对房价上涨有重要的推动作用。因此，本章有必要分析货币供应量对房价的具体动态影响。

尽管部分研究分析了货币供应量对中国房价的影响，但大部分都是将货币供应量作为货币政策的代表变量，来研究货币政策冲击的作用。而且，货币供应量只是货币政策众多代表变量之中的一个（韩冬梅、屠梅曾和曹坤，2007；王来福和郭峰，2007；高波和王先柱，2009）。虽然货币政策对房地产市场的影响机制得到了充分的探讨，但货币供给量对房价的影响还需要进一步分析。而且，现有中国金融体系中，金融活动主要通过间接金融实现。以 1990 年上海证券交易所的成立为开端，中国的金融市场尚在发展中。所以，经济活动主体主要依赖银行进行融资。中国银监会统计部专题分析组（2005）指出，房地产行业的资金有 60% 左右都来自银行部门。而且，由于中央银行的货币供应量变动主要通过银行体系向经济传导，因此银行体系的货币乘数能够将货币供应量的变动放大数倍于经济活动中。吴培新（2008）认为，将银行信贷和货币供应量同时纳入考虑时，真实经济能够得到更好的解释。同时，很多学者认为银行信贷扩张能够推动房价的上涨，例如，Hofmann（2004）关于20个国家的研究、Kim（2004）对韩国的研究、Liang和Cao（2007）对中国的研究、Davis和Zhu（2009）关于15个工业化国家的研究。周京奎（2005）提出，在制度转轨、不确定性和信息不对称的背景下，金融机构向房地产行业过度发放了贷款，导致投资者和消费者出现投机行为，引起房价的剧烈上涨。因此，本章也将采用信贷数量指标，即金融机构的贷款额为标准进行研究，以更好地展示货币供给过程。

为了更好地分析银行信贷对房价的影响，本章将进一步分析银行对房市供给者和需求者的贷款，分别以房地产开发贷款和购房贷款为代表进行研究。这也是本章的一个创新点，因为现有文献鲜少同时从供给和需求两个方面实证研究银行信贷对房价的影响。这也将为本领域的后续研究提供参考。

另外，利率作为货币价格变量，在2015年前还未完全市场化。它对房价的影响受到了许多研究的质疑。宋玉娟（2005）通过分析1998年3月至2004年8月的数据发现，银行利率对房价没有显著影响。高波和王先柱（2009）提出，随着不断增加的银行贷款涌入房地产行业，利率的上涨并不能降低房价。然而，徐忠等（2012）指出，实际利率与房价波动负向相关，而且其影响大于货币供应量。因此，本章也将实际利率引入VAR模型中进行分析。

三、货币供应量影响房价的传导机制

在理论上，货币供应量主要通过以下三种传导机制影响房价：

1. 利率传导机制

根据凯恩斯主义思想，在有效的金融市场上，货币政策的变动会通过利率变动而影响经济活动。货币供应量的增加会降低利率，进而降低房地产开发公司和购房者的融资成本，从而最终影响房价。然而，在2015年前，利率主要由中央银行设定，因此，利率的杠杆效应受阻，货币供应量无法通过利率机制影响房价，如宋玉娟（2005）、高波和王先柱（2009）的研究所示。

2. 银行信贷传导机制

货币供应量的变动会影响商业银行向房地产开发商和购房者提供贷款的能力，进而影响房价。Mohanty和Turner（2009）发现中国货币政策最有效的传导渠道是定量的银行信贷渠道。Leung 和 Lu（2011）指出，中国的银行部门拥有大量的贷款发放扩张空间，且主要带来以下两种影响：①这些银行通过降低所发放贷款的边际利润来抵消利率的上涨；②大的国有企业凭借其政治及市场能力，能够从国有银行获取贷款。此外，周京奎（2006）指出，货币供应量推动了中国资产价格波动，因为货币供应量对信贷有重要的影响，进而通过信贷中介扩大了其对资产价格的影响。

3. 其他传导机制

除了利率和银行信贷传导机制外，货币供应量也能够直接影响房地产市场。根据货币数量理论，货币供应量的增加能够抬高价格水平，包括金融资产和实物资产。姚梅芳和张兰（2011）指出，超额货币供给，即流动性过剩能够有效带来通胀预期，并导致通货膨胀。首先，货币供给能够直接影响房市及房价。其次，货币供给量增加带来的通货膨胀会增加房地产开发企业的建筑成本，从而降低房市供给量，最终抬高房价。最后，货币供给量的增加会鼓励个人或家庭增加对房地产的投资或投机，从而抬高房市需求及房价。

2015 年前货币供应量对中国房价的影响机制如图 3－1 所示，图中虚线框的部分是本章分析的重点。

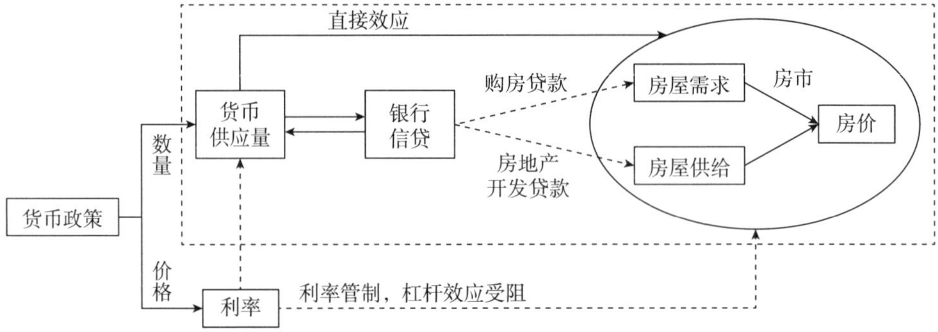

图 3－1　2015 年前货币供应量影响中国房价的机制

四、中国金融体系和商品房市场

（一）中国的银行主导型金融体系

从中国人民银行成立开始，中国金融体系经历了一系列的改革。尽管证券市场在发展中，但银行体系仍然是金融体系最重要的一部分。

Demirgüç－Kunt 和 Levine（1999）对比了 150 个国家的金融体系，并构建了金融体系的结构和发展指标。他们采用“银行资产/GDP”指标来衡量银行部门的总体规模，其中银行资产是指所有存款性银行的国内资产；同时，用“总市值/GDP”指标衡量市场部门的规模，其中市值包括在国内证券交易所的所有国内证券市值。根据他们的定义，本章计算了中国的银行部门规模指标和市场部门规模指标，如表 3－1 所示。随着市场部门的发展，“总市值/GDP”指标从 1994～2009 年总体呈上涨趋势，2007 年，由于股票价格的飞涨甚至一度达到了 1.23 的最高点，但其平均值仍然很低，只有 0.36。然而，“银行资产/GDP”指标却比较高，平均值达到 1.64，是“总市值/GDP”指标平均值的 4.6 倍。这些数据都表明，在中国的金融体系中，市场部门规模占比较小，而银行部门仍然占据着主要份额。

表 3－1　1994～2009 年中国的“总市值/GDP”和“银行资产/GDP”指标

年份	1994	1995	1996	1997	1998	1999	2000	2001	2002	2003	2004	2005	2006	2007	2008	2009	平均值
总市值/GDP	0.08	0.06	0.14	0.22	0.23	0.30	0.49	0.40	0.32	0.31	0.23	0.18	0.41	1.23	0.38	0.71	0.36
银行资产/GDP	1.15	1.17	1.26	1.38	1.46	1.53	1.55	1.54	1.81	1.88	1.88	1.93	1.92	1.85	1.84	2.15	1.64

数据来源：根据《中国金融年鉴》（1994～2010 年）中的数据整理所得。

表 3－2 描述了由 Demirgüç－Kunt 和 Levine（1999）所计算出的部分发达国家在 20 世纪 90 年代的“总市值/GDP”指标和“银行资产/GDP”指标的平均值。美国和英国是市场主导型金融体系，“总市值/GDP”指标与“银行资产/GDP”指标相接近。美国分别是 0.80 和 0.73，而英国分别是 1.13 和 1.16。这表明在美国和英国的金融体系中，市场规模与银行规模相当。相反，德国和日本是银行主导型金融体系，“银行资产/GDP”指标远大于“总市值/GDP”指标，两个指标的数值比分别是 6 倍和 2 倍左右，说明银行部门的规模远大于市场部门的规模。

表 3－2　20 世纪 90 年代其他国家的平均“总市值/GDP”和“银行资产/GDP”指标

国家	美国	英国	德国	日本
总市值/GDP	0.80	1.13	0.24	0.79
银行资产/GDP	0.73	1.16	1.21	1.31

数据来源：Demirgüç－Kunt 和 Levine（1999）。

基于以上分析可以发现，中国的金融体系更类似于德国和日本的银行主导型金融体系，即银行部门占金融体系的比例远大于市场部门。这不同于美国和英国的市场主导型金融体系。

（二）货币政策对房价的调控

中国从2003年开始调控房地产市场，并且颁布了一系列的货币调控政策。表3－3汇总了2003～2011年的具体货币调控政策，可以看出，除了2008年下半年至2009年货币政策放宽以应对2008年全球经济危机的影响外，货币政策呈现出越来越严厉的紧缩趋势。甚至在2007年、2010年和2011年分别出现了连续10次或6次上调法定存款准备金率及多次上调存贷款利率的现象。但货币供应量仍然居高不下。

表3－3　2003～2011年的货币政策

年份	货币政策
2003	将法定存款准备金率上调1%；取消高档住房、别墅、第二套房贷款的优惠利率，并适当提高首付比例
2004	将各种存款贷款利率上调0.27%；放宽贷款利率的浮动范围，并允许存款利率向下浮动；房地产开发项目中的自有资金不能低于投资金额的35%；购房者住房抵押贷款的月供额应该低于其月收入的一半
2005	取消住房贷款优惠利率；在房价上涨过快的地区上调首付比例至30%；限制信托对房地产开发公司的贷款
2006	连续2次将法定存款准备金率上调0.5%；将各种贷款利率上调0.27%，共1次；对住房区域进行细节调控，提高小户型住房比例及新房的首付比例；限制外资流入房地产市场
2007	连续10次将法定存款准备金率上调0.5%；连续6次将各种存贷款利率上调0.27%；将第二套房的首付比例提高至40%，将住房抵押贷款利率提高10%
2008年上半年	连续5次上调法定存款准备金率；对经济适用房的开发项目放松管制
2008年下半年	连续2次下调法定存款准备金率和利率；连续5次下调各种贷款利率，连续4次下调各种存款利率；下调首付比例至20%，下调住房抵押贷款利率下限至基准利率的0.7倍
2009	对四大国有商业银行实行优惠利率政策；降低商品房项目的自有资金与贷款比
2010	连续6次将法定存款准备金率上调0.5%；连续2次上调各种存贷款利率；第二套房首付比例上调至50%，住房抵押贷款利率上调至标准利率的1.1倍或以上；90平方米以上的第一套房的首付比例上调至30%；禁止对同一家庭的第三套住房和非本地居民发放住房抵押贷款
2011	连续6次将法定存款准备金率上调5%，然后在11月将法定存款准备金率下调0.5%；连续3次上调各种存贷款利率；当地居民家庭禁止购买第三套房，非当地居民禁止购买第二套房，禁止提供相关住房抵押贷款；同一家庭第二套房的首付比例上调至60%

数据来源：根据中国人民银行和《中国金融年鉴》（2003～2010年）中的内容整理所得。

（三）中国商品房市场的基本情况

1. 商品房的构成

依据《中国统计年鉴》中的定义，商品房是由房地产开发公司建设用来出售和出租的房屋，包括住宅、办公楼、商业营业用房和其他①。图 3－2 描述了 1998～2009 年中国总商品房及各类商品房的出售面积。自 1998 年以来，除 2008 年受全球经济危机影响有所下降以外，商品房销售面积一直在增长。很明显，商品住宅的销售面积占据了总商品房销售面积的 90% 左右。可见，中国的商品房市场主要是由商品住宅市场构成。

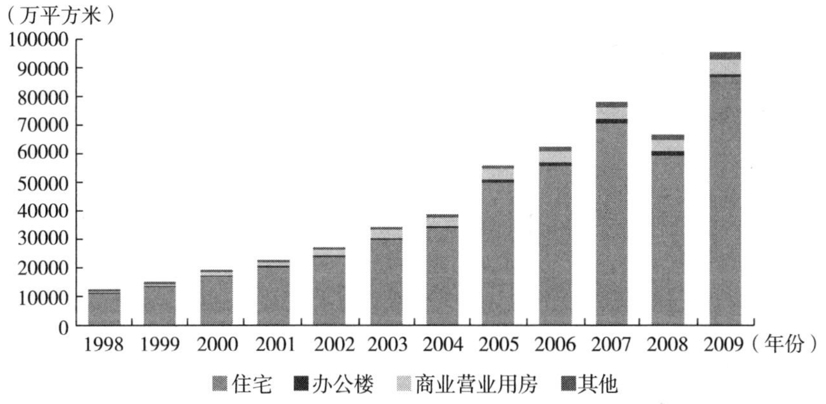

图 3－2　中国商品房的销售面积

数据来源：根据《中国统计年鉴》（2010 年）中的数据整理所得。

2. 商品房销售价格

图 3－3 将 1999～2009 年的消费者价格指数（CPI）与各类商品房价格的年增长率进行了对比。总商品房价格以及住宅价格增长率的浮动小于办公楼、商业营业用房及其他商品房价格的增长率。1999～2009 年总商品房价格和住宅价格的平均年增长率分别为 17.76% 和 18.71%，远大于 CPI 的均值 3.9%。除 2008 年以外，总商品房价格和住宅价格的年增长率均远高于 CPI，且其差值在 2004 年达到最大。商业营业用房价格的年增长率除 2000 年和 2008 年以外，也高于 CPI，且在 2005 年达到 29.29% 的最大差值。办公楼价格的年增长率在 2004 年达到峰值，为 36.89%，自此一直高于 CPI 的水平。值得注意的是，各类商品房价格的年增长率都在 2003 年左右开始剧增，变得远远高于 CPI 的水平。

① 住宅是指用来居住的商品房；办公楼是指用来进行办公事务的商品房；商业营业用房是指用来进行商品交易的商品房，如购物中心、商店等；其他包括除住宅、办公楼和商业营业用房以外的商品房。

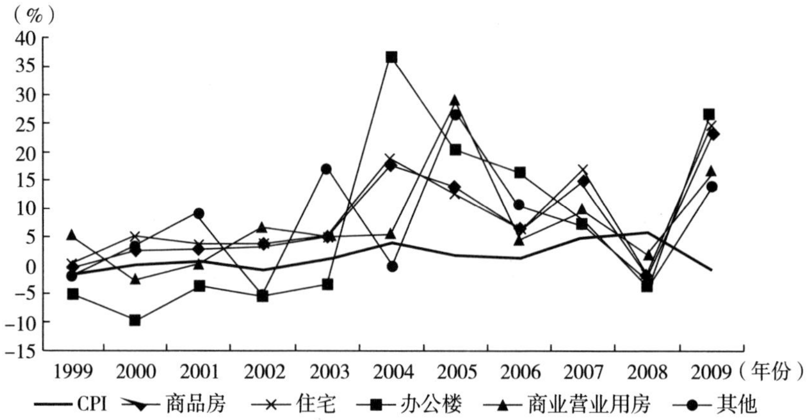

图3-3 中国商品房价格的年增长率和CPI水平

数据来源：根据《中国统计年鉴》(2010年) 中的数据整理所得。

五、数据、模型与建模

(一) 数据

基于以上对现有文献的分析、货币供应量影响房价的理论机制及中国金融体系及房地产市场状况，本章在实证分析中采用了7个变量（其简称均在后面的括号里）。

因为中国房价指数的计算方法分别在2005年和2011年进行了两次改动，所以1999~2011年没有可连续的算法一致的房价指数。而另一指标即商品房平均销售价格就不存在这个问题。本章分别采用商品房平均销售价格（AP）和住宅平均销售价格（RP）代表商品房总体价格水平和住宅价格水平。广义货币（M2）代表经济中的货币供应量。金融机构的总贷款余额代表银行部门所发放的信用水平。其中，房地产开发贷款和购房贷款余额分别代表银行部门对房地产市场供给方和需求方的信用支持。这也是本章的创新点之一，因为现有文献鲜少从供求两方细分银行部门的信贷支持。因为存款基础利率由中央银行决定，且2013年前设有浮动下限，所以实际利率（RI）用一年期的名义存款基准利率减去通货膨胀率（CPI）的差额来表示。实际利率用来代表后续分析中的货币价格水平。所有的数据都来自中国人民银行官网、中国社会科学院数据库、清华金融数据库。除了RI以外，所有变量都取其对数形式并运用X11方法进行了季节调整。

广义货币 M2、金融机构总贷款余额、房地产开发贷款余额、购房贷款余额、商品房平均销售价格、住宅平均销售价格的对数形式在经过调整后分别简写为 LM2、LTL、LDL、LPL、LAP 和 LRP。

（二）模型

Sims（1980）提出用 VAR 模型来模拟一个动态系统，在这个系统中，一个特定变量的波动受其他变量、其他变量的滞后项及自身滞后项的变动所影响。即采用多方程联立的形式，把系统中每一个内生变量对系统中所有内生变量的滞后值进行回归，进而估计所有内生变量之间的动态关系。VAR 模型常用于预测相互联系的时间序列系统及分析随机扰动对变量系统的动态冲击，从而解释各种经济冲击对经济变量形成的影响。VAR 模型被广泛应用于分析金融因素和资产市场（Sims，1992；Dekker 等，2001；Lastrapes，2002；Sims 和 Zha，2006）。然而，传统的不受限的 VAR 模型有其内在的问题。Pesaran 和 Shin（1998）指出，在计算脉冲响应或误差方差分解预期之前，运用柯列斯基分解（Cholesky Decomposition）让 VAR 模型的潜在冲击正交化，但这个方法的结果不会依据 VAR 模型中变量的指令而变化。因此，Bernanke（1986）、Blanchard 和 Quah（1989）、Sims（1985）、Blanchard 和 Watson（1986）发展了一个结构 VAR 模型，通过施加一个提前限制条件在结构误差的协方差矩阵及它们对自己的同期和/或长期脉冲响应上（Dekker 等，2001）。然而，限制条件的数量与变量的数量相关，而且由于经济现象的复杂性，有时会很难施加提前假设。为了克服以上的问题，Koop 等（1996）、Pesaran 和 Shin（1998）分别提出了针对非线性动态系统和线性系统的广义 VAR 模型。这受到了许多研究金融问题和房地产市场的学者的欢迎，如 Dekker 等（2001）、Ewing 和 Thompson（2008）。鉴于以上学者的研究，本章将采用广义 VAR 模型。

含 m 个变量的 p 阶广义 VAR（p）模型的一般矩阵形式如式（3－1）所示：

$$y_t = a_0 + \sum_{i=1}^{p} \Phi_i y_{t-i} + u_t, t = 1, 2, \cdots, T \tag{3-1}$$

其中，$y_t=(y_{1t}, y_{2t}, \cdots, y_{mt})'$，是一个 $m\times1$ 维内生变量向量，受自身滞后项和其他变量滞后项的影响。a_0 是一个 $1\times m$ 维固定效应向量。Φ_i 是 $m\times m$ 维系数矩阵。u_t 是一个 $m\times1$ 维扰动项矩阵。Φ_i 的矩阵形式如式（3－2）所示：

$$\Phi_i = \begin{bmatrix} \phi_{11}^{(i)} & \phi_{12}^{(i)} & \cdots & \phi_{1m}^{(i)} \\ \phi_{21}^{(i)} & \phi_{22}^{(i)} & \cdots & \phi_{2m}^{(i)} \\ \vdots & \vdots & \ddots & \vdots \\ \phi_{m1}^{(i)} & \phi_{m2}^{(i)} & \cdots & \phi_{mm}^{(i)} \end{bmatrix}, i=1, 2, \cdots, p \tag{3-2}$$

（三）建模

样本期分为两个：1999 年 1 月至 2003 年 3 月（1999：1M～2003：3M）和 2003 年第二季度至 2011 年第三季度（2003：2Q～2011：3Q），即从 2003 年 4 月至 2011 年 9 月。以 2003 年 3 月作为两个样本时期的分割点，主要是鉴于以下四点考虑：①以 2003 年 4 月成立的中国银行业监督管理委员会（CBRC）为标志，中国金融体系从 2003 年开始经历了一系列的重大改革。这些改革的重要性也得到了后续实证分析的证实。②2003 年第二季度以来，中国政府开始实施一系列政策来调控房价。③自 2003 年以来，中国的商品房价格开始大幅上涨。④房地产开发贷款和购房贷款从 2003 年第二季度开始才能找到数据。为了获取足够的样本量，2003 年 4 月以前用的是季度数据。

2003 年第二季度至 2011 年第三季度，所有变量的数据都是可得的。表 3－4 描述了所有变量的 ADF（Augmented Dickey－Fuller）稳定性检验结果。RI、LAP、LRP 的原序列是平稳的，直接纳入模型中。而 LM2、LTL、LDL 和 LPL 是一阶单整的序列，所以将它们的一阶差分序列引入到模型中，分别记为 DLM2、DLTL、DLDL 和 DLPL。由于在后续的月度模型中，RI 以一阶差分形式进入模型，所以此处也采用其一阶差分形式，记为 DRI。因为所有变量的数据都可得，所以这个样本期可以详细分析货币供应量影响银行信贷，进而影响房地产开发贷款和购房贷款，并最终影响房价的机制。运用这个样本期间的季度数据，建立了两个 VAR 模型。模型（3－1）用来解释商品房均价的变动，变量 DLM2、DLTL、DLDL、DLPL、DRI 和 LAP 进入 VAR 模型。模型（3－2）用来解释住宅价格的变动，变量 DLM2、DLTL、DLDL、DLPL、DRI 和 LRP 进入模型。二者都被 LR、FPE、AIC、SC 和 HQ 原则赋予一阶滞后期。

$$y_t = [DLM2_t,\ DLTL_t,\ DLDL_t,\ DLPL_t,\ DRI_t,\ LAP_t],\ t = 2003Q2, \cdots, 2011Q2 \qquad \text{模型（3－1）}$$

$$y_t = [DLM2_t,\ DLTL_t,\ DLDL_t,\ DLPL_t,\ DRI_t,\ LRP_t],\ t = 2003Q2, \cdots, 2011Q2 \qquad \text{模型（3－2）}$$

表 3－4　ADF 稳定性检验结果（2003：2Q～2011：3Q）

原序列				一阶差分序列			
序列	（C，T，P）	ADF 检验统计值	P 值	序列	（C，T，P）	ADF 检验统计值	P 值
LM2	（C，T，1）	－2.387625	0.3786	DLM2	（C，0，0）	－3.217596	0.0281
LTL	（C，T，1）	－2.070502	0.5419	DLTL	（C，0，0）	－3.651415	0.0101
LDL	（C，T，0）	－1.167058	0.9010	DLDL	（C，0，0）	－4.755407	0.0006

续表

原序列				一阶差分序列			
序列	(C, T, P)	ADF 检验统计值	P 值	序列	(C, T, P)	ADF 检验统计值	P 值
LPL	(C, T, 1)	-1.814486	0.6741	DLPL	(C, 0, 0)	-8.412051	0.0000
RI	(C, 0, 7)	-4.809282	0.0007	DRI	(C, 0, 0)	-3.378037	0.0194
LAP	(C, T, 3)	-3.763212	0.0331	—	—	—	—
LRP	(C, T, 3)	-4.090519	0.0161	—	—	—	—

1999 年 1 月至 2003 年 3 月，房地产开发贷款和购房贷款的数据不可得。且为了保证足够样本量，将 LM2、LTL、RI 和 LAP 纳入模型中。表 3-5 展示了这些变量的 ADF 稳定性检验结果。LAP 原序列是稳定的，直接纳入模型中。LM2、LTL 和 RI 是一阶单整的，将其一阶差分形式 DLM2、DLTL 和 DRI 纳入 VAR 模型中。采用 DLM2、DLTL、DRI 和 LAP，建立模型（3-3），且被 LR、FPE 和 AIC 原则赋予二阶滞后期。

$y_t = [DLM2_t, DLTL_t, DRI_t, LAP_t]$，t = 1999M1，…，2003M3

模型（3-3）

表 3-5 ADF 稳定性检验结果（1999：1M~2003：3M）

原序列				一阶差分序列			
序列	(C, T, P)	ADF 检验统计值	P 值	序列	(C, T, P)	ADF 检验统计值	P 值
LM2	(C, T, 0)	-2.606334	0.2794	DLM2	(C, 0, 1)	-7.870254	0.0000
LTL	(C, T, 0)	0.601531	0.9993	DLTL	(C, 0, 0)	-5.089698	0.0001
RI	(C, 0, 0)	-1.928556	0.3169	DRI	(C, 0, 0)	-6.482454	0.0000
LAP	(C, T, 0)	-6.096147	0.0000	—	—	—	—

为了使两个样本期能够更好地进行对比，我们对 2003 年 4 月至 2011 年 9 月的数据也采用了与 1999 年 1 月至 2003 年 3 月相同的变量和数据频度。也就是说，运用 2003 年 4 月至 2011 年 9 月的 LM2、LTL、RI 和 LAP 的月度数据建立模型。这些序列的 ADF 稳定性检验结果如表 3-6 所示。LM2、LTL 和 RI 是一阶单整序列，而 LAP 的原序列就是平稳的。因此，LM2、LTL 和 RI 的一阶差分序列 DLM2、DLTL、DRI 和 LAP 进入了 VAR 模型，建立模型（3-4），且被 LR、FPE 和 AIC 原则赋予二阶滞后期。这样，由于模型（3-4）和模型（3-3）有着相同的变量和数据频度，所以其实证分析结果能够进行很好的对比。

$y_t = [DLM2_t, DLTL_t, DRI_t, LAP_t]$，t = 2003M4，…，2011M9 模型（3-4）

表 3-6 ADF 稳定性检验结果（2003：4M~2011：9M）

原序列				一阶差分序列			
序列	(C, T, P)	ADF 检验统计值	P 值	序列	(C, T, P)	ADF 检验统计值	P 值
LM2	(C, T, 0)	-1.347478	0.8701	DLM2	(C, 0, 0)	-8.518202	0.0000
LTL	(C, T, 1)	-1.332113	0.8741	DLTL	(C, 0, 0)	-7.270554	0.0000
RI	(C, 0, 0)	-2.316292	0.1692	DRI	(C, 0, 0)	-4.534248	0.0004
LAP	(C, T, 0)	-5.270226	0.0002	—	—	—	—

然后，运用 EViews 6.0 对以上 VAR 模型进行测定。所有模型都顺利通过了 AR 单位根检验，表明所有的 VAR 模型都是稳定的。则可以在这些 VAR 模型基础上，继续进行后续的脉冲响应函数分析，以检测系统中每一个变量对于其他变量变动的动态反应。

六、脉冲响应函数分析结果

（一）2003 年第二季度至 2011 年第三季度样本期

2003 年第二季度至 2011 年第三季度样本期，解释 LAP 的模型（3-1）和解释 LRP 的模型（3-2）的广义脉冲响应函数的结果分别如图 3-4 和图 3-5 所示。

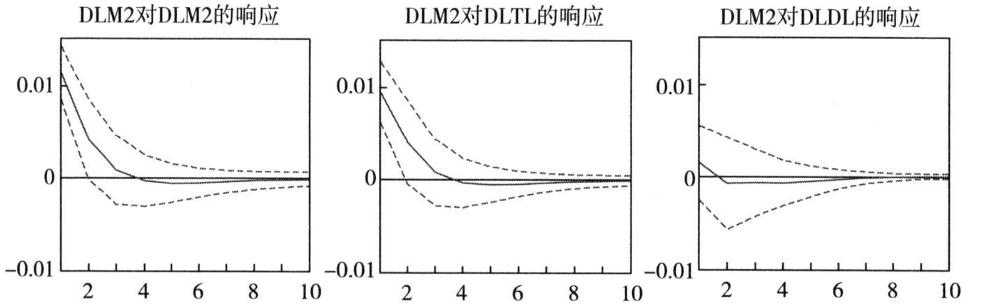

图 3-4 模型（3-1）广义脉冲响应函数的结果（LAP，2003：2Q~2011：3Q）

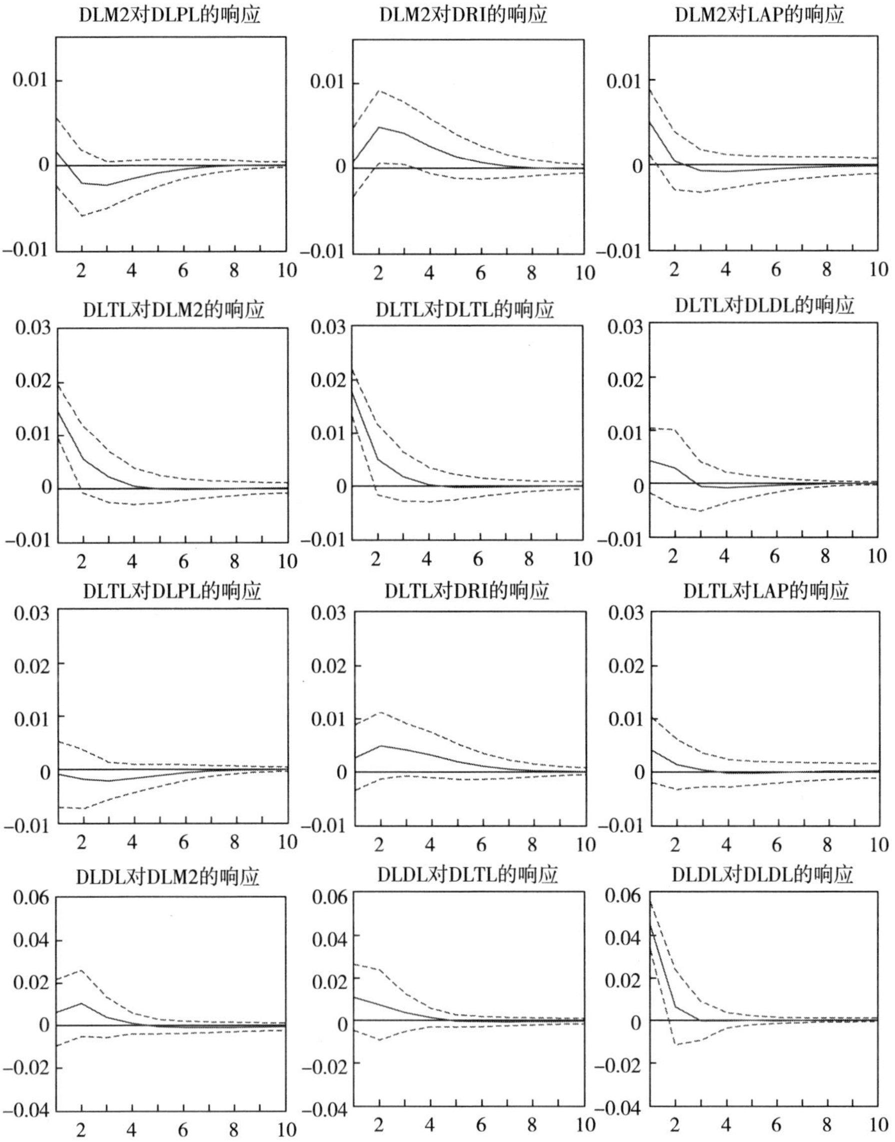

图 3-4　模型（3-1）广义脉冲响应函数的结果
（LAP，2003：2Q~2011：3Q）（续图）

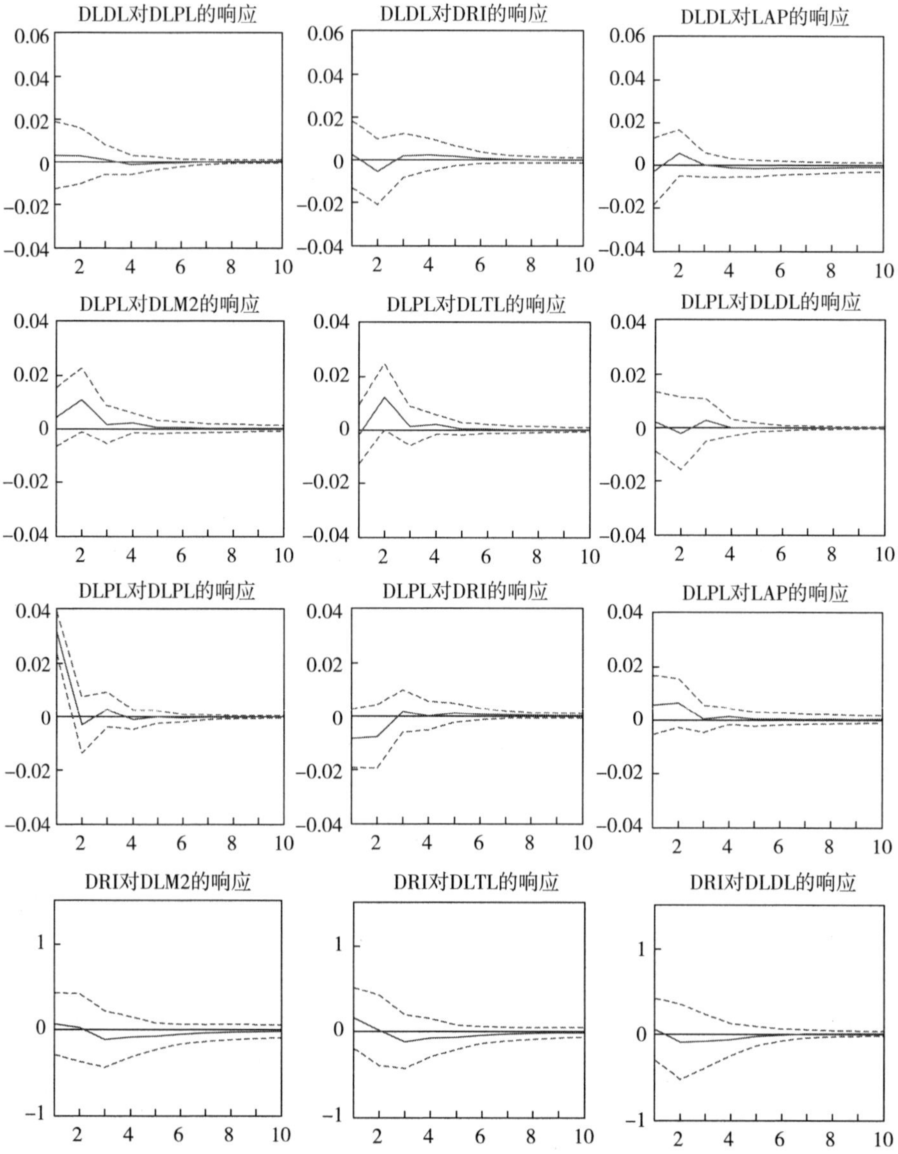

图 3－4　模型（3－1）广义脉冲响应函数的结果
（LAP，2003：2Q～2011：3Q）（续图）

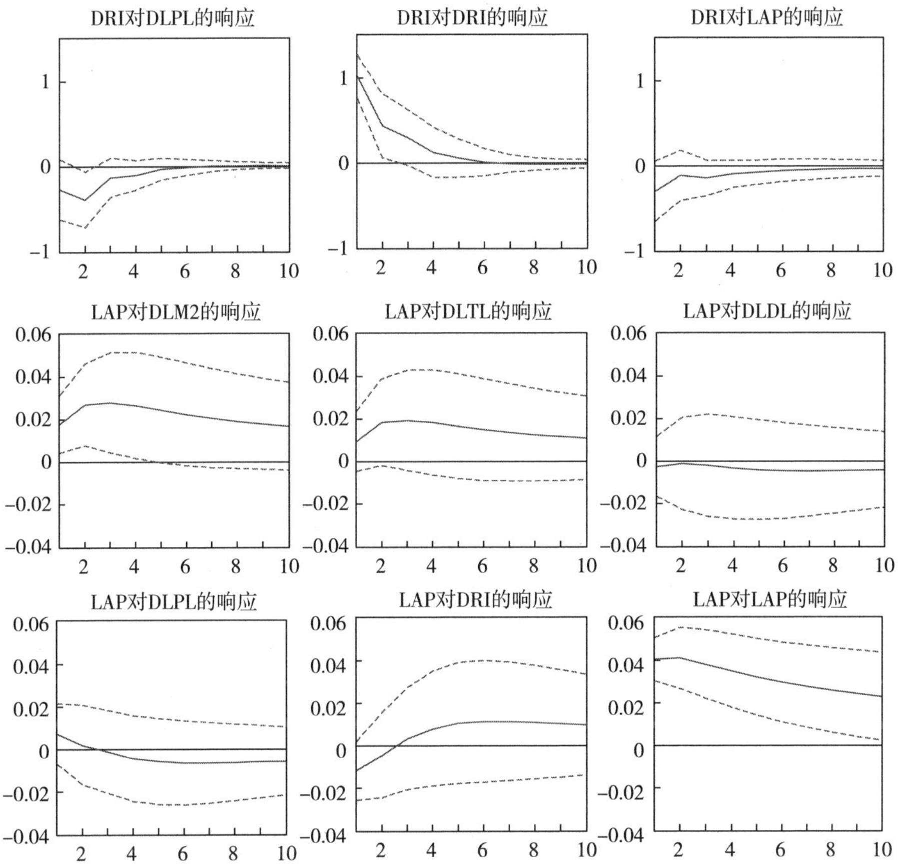

图3－4 模型（3－1）广义脉冲响应函数的结果
（LAP，2003：2Q～2011：3Q）（续图）

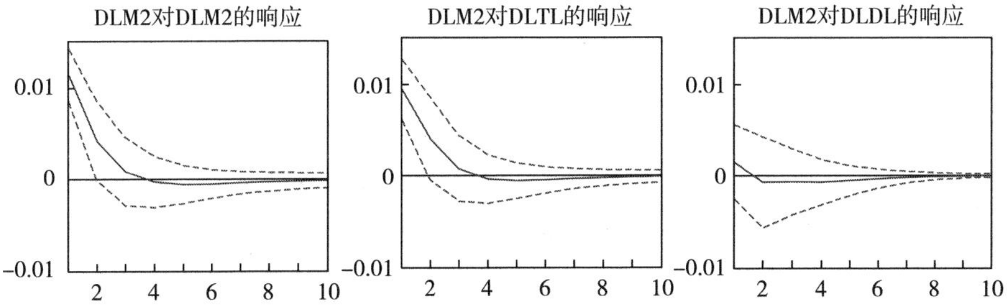

图3－5 模型（3－2）广义脉冲响应函数的结果（LRP，2003：2Q～2011：3Q）

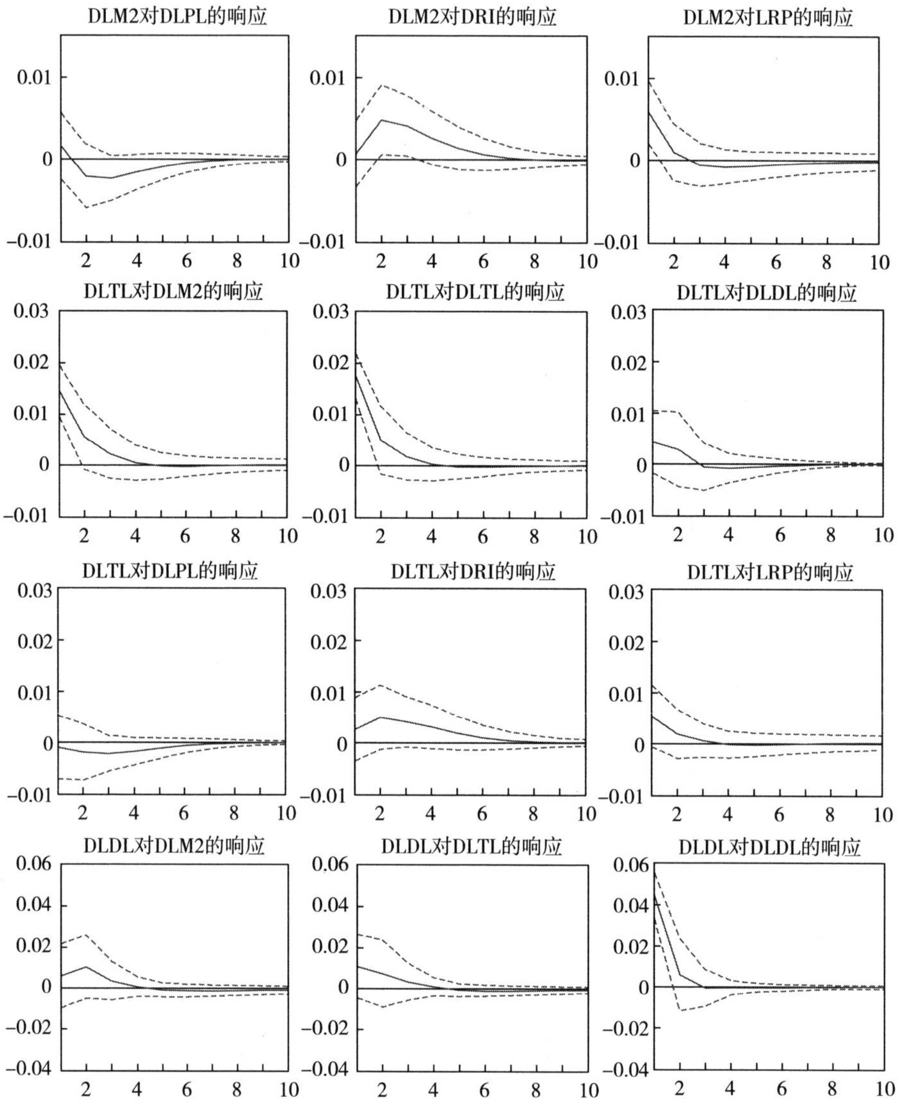

图3-5 模型（3-2）广义脉冲响应函数的结果

（LRP，2003：2Q~2011：3Q）（续图）

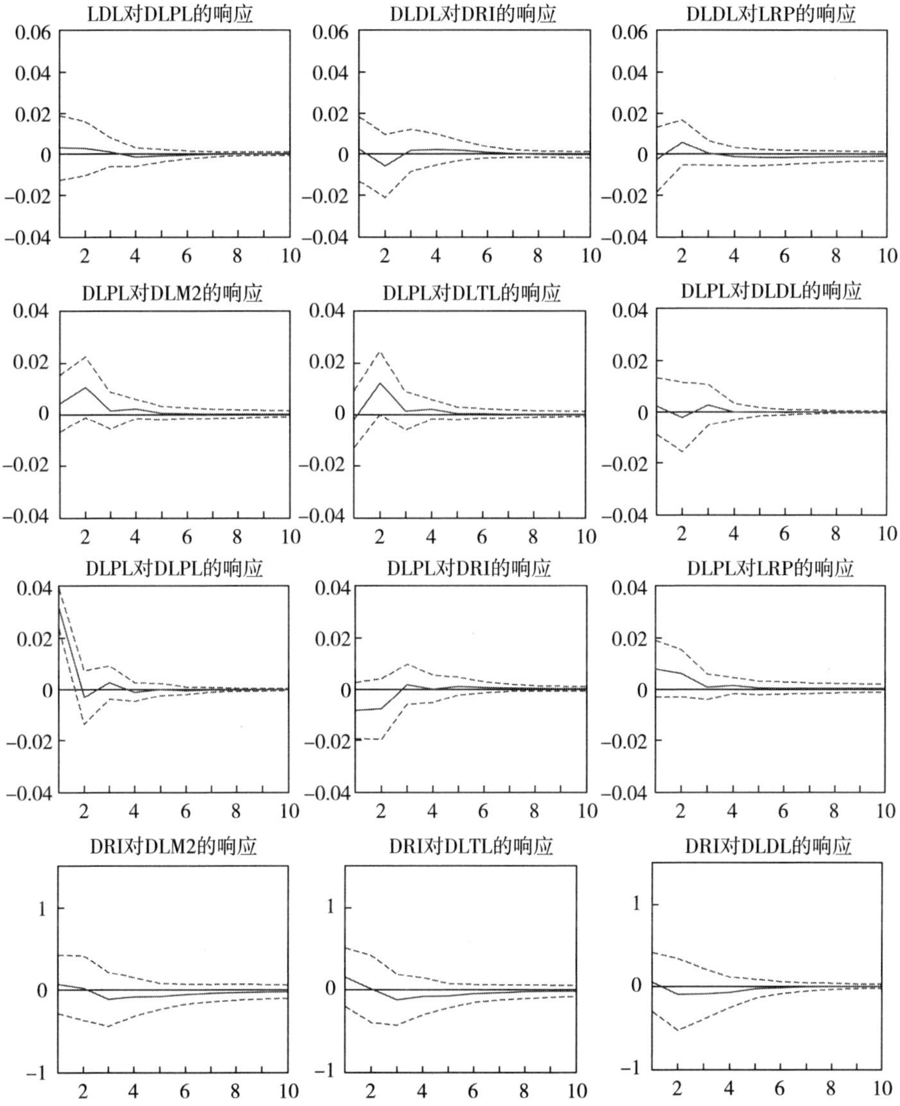

图3-5　模型（3-2）广义脉冲响应函数的结果
（LRP，2003：2Q~2011：3Q）（续图）

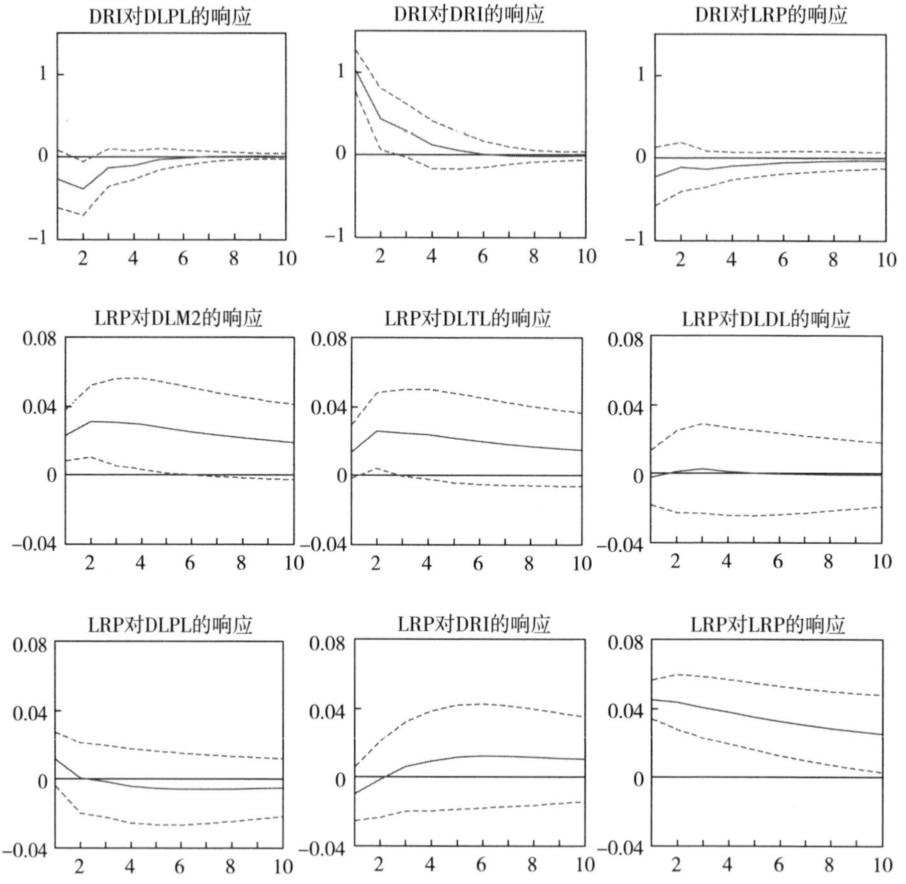

图3－5　模型（3－2）广义脉冲响应函数的结果
（LRP，2003：2Q～2011：3Q）（续图）

当给 DLM2 一个 1% 的正向冲击，LAP 的响应在第 3 个季度达到峰值 2.77%，然而 LRP 的响应在第 2 个季度达到峰值 3.31%。当给 DLTL 一个 1% 的正向冲击，LAP 的响应在第 3 个季度增长至 1.92%，但 LRP 的响应在第 2 个季度达到 2.60% 的峰值。在一个 1% 的正向冲击出现在 DLPL 后，LAP 和 LAP 的响应在第 2 个季度分别达到 0.72% 和 1.14%。然而，当出现一个 1% 的正向冲击在 DLDL 后，LAP 的响应（在第 7 个季度达到 －0.47%）要强于 LRP 的响应（在第 1 个季度达到 －0.25%）。当给 DRI 一个 1% 的正向冲击，LAP 和 LRP 在前 2 个季度都呈负向响应，分别达到 －1.19% 和 －1.00% 的最低点；但它们在第 3 个季度后开始正向响应，分别在第 7 个季度达到 1.30% 和 1.20% 的最大值。可见，DLM2 对房价的影响最大，其次是 DLTL、DRI、DLPL

和 DLDL。同时，LRP 对 DLM2、DLTL 和 DLPL 冲击的响应要大于 LAP，但对 DRI 和 DLDL 变动的响应要比 LAP 小。

同时，DLM2 和 DLTL 之间呈现正向关系。在模型（3－1）和模型（3－2）中，DLTL 的对于一个 1% 正向货币供应量冲击①的响应分别在第一和第二季度达到最大值 1.45%。在给 DLTL 一个 1% 正向冲击后，DLM2 的响应在第 1 个季度达到 0.95%。这表明在 DLM2 和 DLTL 之间有一个相互促进的正向关系，即 DLM2 对 DLTL 有正向影响；反之亦然。

另外，对于一个 1% 正向货币供应量冲击，DLPL 的响应比 DLDL 强烈，二者在模型（3－1）和模型（3－2）中均在第 2 个季度分别达到 1.08% 和 1.04% 左右的最高值。而且，对于一个 1% 正向总贷款冲击，DLPL 也比 DLDL 响应强烈，二者分别在第 2 个季度和第 1 个季度达到峰值 1.23% 和 1.07%。可见，DLM2 和 DLTL 的增长会带来 DLDL 和 DLPL 的上涨。

值得注意的是，对于一个 1% 正向实际利率冲击，DLM2 和 DLTL 均呈正向响应，在第 2 个季度分别达到 0.48% 和 0.49% 的最大值。这表示 DRI 的增长会带来 DLM2 和 DLTL 的上涨，进而导致房价的上升。这就是为什么对于一个 1% 正向实际利率冲击，LAP 和 DRP 在第 3 个季度以后都呈现出了正向响应的原因。

（二）1999 年 1 月至 2003 年 3 月样本期

图 3－6 是 1999 年 1 月至 2003 年 3 月样本期的模型（3－3）的广义脉冲响应函数结果。

对于一个 1% 正向货币供应量冲击，LAP 的响应在第 3 个月达到最高点 0.26%。在一个 1% 正向总贷款冲击后，LAP 在第 1 个月达到 1.84% 的最大值。

给定一个 1% 正向货币供应量冲击，DLTL 的影响在第 2 个月达到峰值 0.11%。同时，在一个 1% 正向总贷款冲击后，DLM2 在第 2 个月达到 0.17% 的最大值。

对于一个 1% 正向实际利率冲击，LAP、DLM2 和 DLTL 均呈负向反应，分别在第 1 个月、第 3 个月和第 2 个月达到 －1.02%、－0.24% 和 －0.18% 的最低点。可见，DRI 的增加会带来 1999～2003 年的 LAP、DLM2 和 DLTL 的降低。

综上所述，在 1999 年 1 月至 2003 年 3 月样本期，DLTL 对 LAP 的影响是最大的，其次是 DRI 的影响，最后是 DLM2。有意思的是，相较于模型（3－1），在模型（3－3）中，DLTL 和 DLM2 之间的相互促进作用要小很多，LAP 对于一

① “一个 1% 正向货币供应量冲击”是指给广义货币 M2 的对数增量一个正向标准差改变。其他变量以此类推。

个货币供应量冲击的响应也小得多。这表明，2003 年之前货币供应量和银行信贷之间的传导机制阻碍，导致了货币供应量对房价影响较小。也许有人会质疑，模型（3－1）和模型（3－3）的不同结果是因为二者之中的变量和数据频度不一致。所以，本章有必要进行进一步的分析。

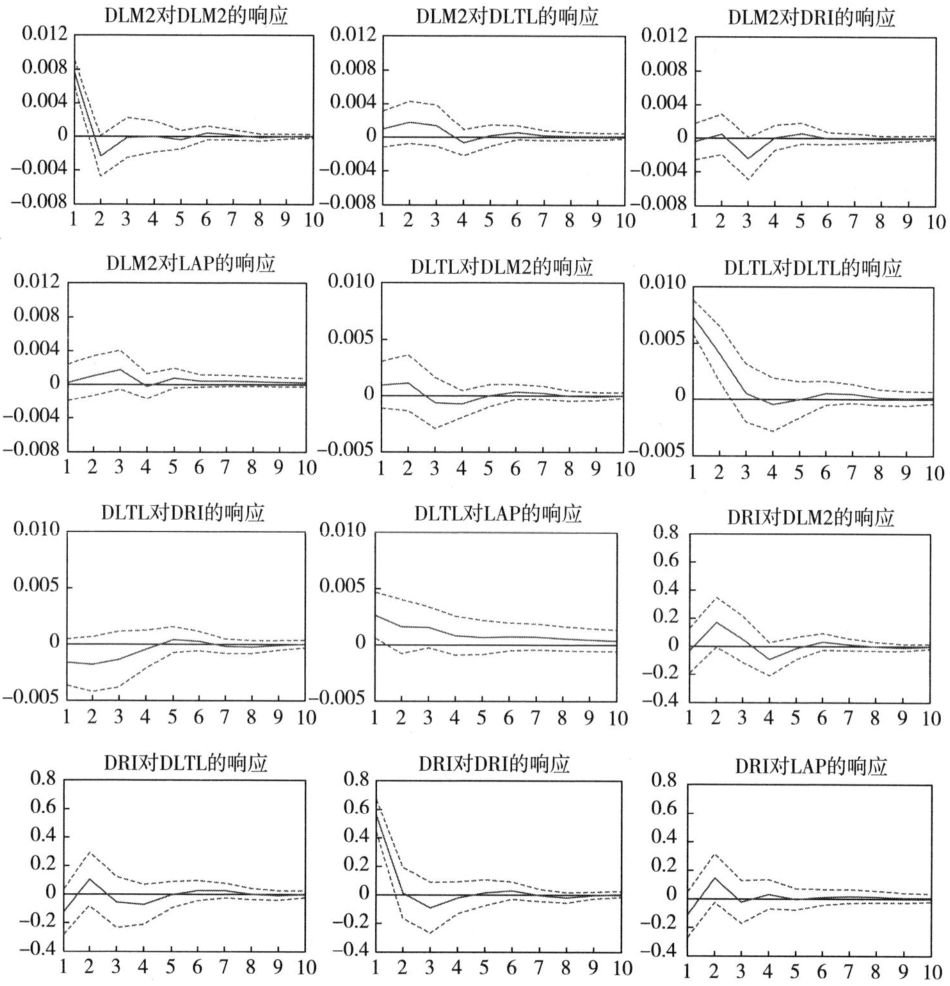

图 3－6　模型（3－3）广义脉冲响应函数的结果（LAP，1999：1M～2003：3M）

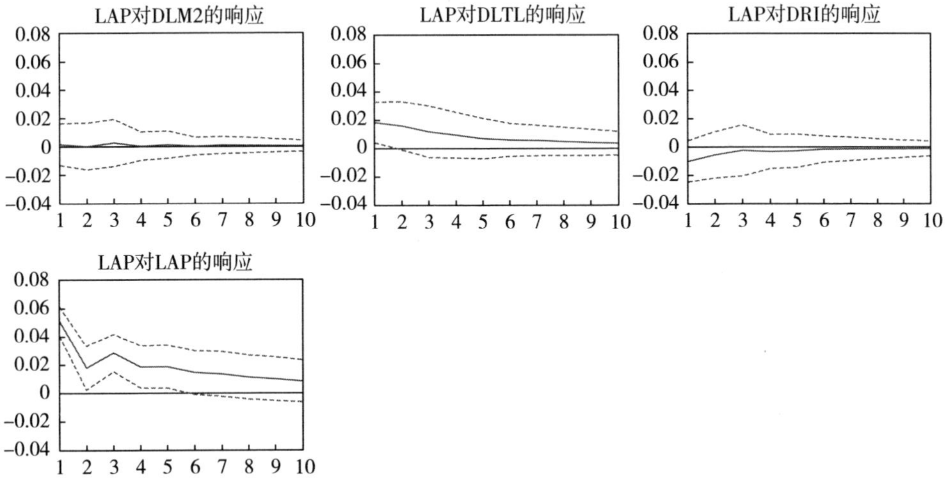

图 3-6 模型（3-3）广义脉冲响应函数的结果
（LAP，1999：1M~2003：3M）（续图）

（三）2003 年 4 月至 2011 年 9 月样本期

图 3-7 是 2003 年 4 月至 2011 年 9 月样本期模型（3-4）的广义脉冲响应函数的结果。

给定货币供应量一个 1% 正向冲击，LAP 的响应在第 3 个月达到 1.94% 的最大值。当出现一个 1% 正向总贷款冲击，LAP 在第 3 个月达到最大的响应，数值为 1.37%。

在给货币供应量一个 1% 正向冲击后，DLTL 的响应在第 1 个月达到了最大值 0.62%。DLM2 对于一个 1% 正向总贷款冲击的响应在第 1 个月达到 0.52% 的最高点。

值得注意的是，给定一个 1% 正向实际利率冲击，LAP 的响应在第 1 个月是负向的 -0.25%，但在第 2 个月后是正向的，并达到了 0.56% 的最高点。同时，DLM2 和 DLTL 对于一个 1% 正向实际利率冲击的响应在第 2 个月后都是正向的，分别达到 0.16% 和 0.17% 的最大值。可见，DRI 的增加对 DLM2 和 DLTL 有正向影响，从而对房价也有正向促进作用。上文的季度模型（3-1）和模型（3-2）也得到了同样的结论。

综上所述，在 2003 年 4 月至 2011 年 9 月样本期，DLM2 对 LAP 的影响最大，其次是 DLTL 的影响，最后是 DRI。这个结果与 2003 第二季度至 2011 年第三季度样本期的模型（3-1）和模型（3-2）的结论相同。

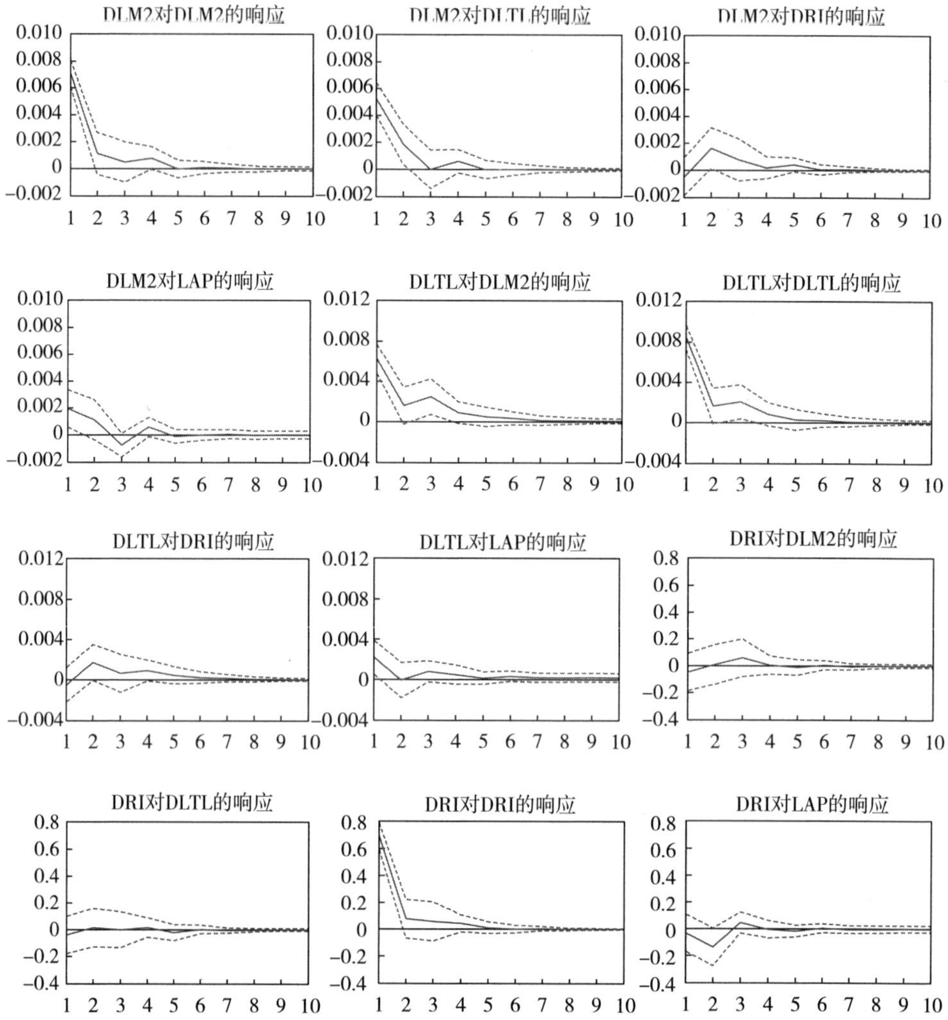

图3-7　模型（3-4）广义脉冲响应函数的结果（LAP，2003：4M~2011：9M）

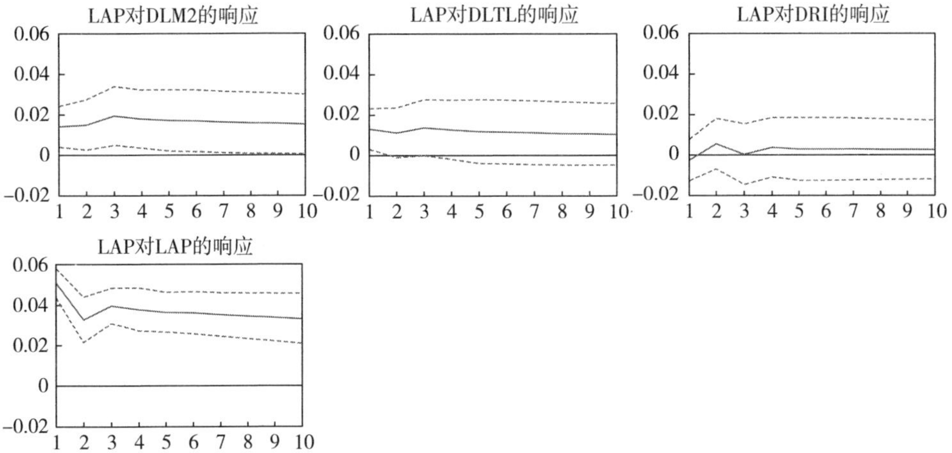

图 3－7　模型（3－4）广义脉冲响应函数的结果
（LAP，2003：4M～2011：9M）（续图）

（四）对比分析

表 3－7 和表 3－8 将模型（3－3）和模型（3－4）的广义脉冲响应函数结果的关键数据进行了对比。根据表 3－7，在 1999 年 1 月至 2003 年 3 月样本期，LAP 对一个总贷款冲击的响应比对一个货币供应量冲击的响应要强烈。也就是说，在 2003 年以前，总贷款余额增量对房价的影响很大，而相比之下，货币供应量增量对房价的影响比较有限。然而，在 2003 年之后，总贷款增量的影响减弱了，而货币供应量增量的影响变得更重要。这些结果表明，随着中国金融体系的不断改革，货币供应量变为货币政策的官方调控中介目标，因此其对房地产市场越来越有影响力。现在，货币供应量增量的影响大于以前的货币政策调控目标——银行信贷。因为中国是一个银行主导型金融体系，所以总贷款增量对商品房价格仍然有重要的影响，尽管有少许下降。

表 3－7　两个样本期广义脉冲响应函数结果的关键数据对比
（货币数量冲击）

单位:%

最大的响应	LAP 对货币供应量冲击的响应	LAP 对总贷款冲击的响应	DLTL 对货币供应量冲击的响应	DLM2 对总贷款冲击的响应
1999：1M～2003：3M 模型（3－3），图 3－6	0.26	1.84	0.11	0.17
2003：4M～2011：9M 模型（3－4），图 3－7	1.94	1.37	0.62	0.52

表 3-8 两个样本期广义脉冲响应函数结果的关键数据对比
(货币价格冲击)

单位:%

最大的响应	LAP 对实际利率冲击的响应	DLM2 对实际利率冲击的响应	DLTL 对实际利率冲击的响应
1999:1M~2003:3M 模型(3-3),图 3-6	-1.02	-0.24	-0.18
2003:4M~2011:9M 模型(3-4),图 3-7	0.56	0.16	0.17

同时，值得注意的是，相较于2003年3月之后的样本期，在之前样本期中，DLTL对一个货币供应量冲击的响应和DLM2对一个总贷款冲击的响应要小得多。也就是说，相较于之前，2003年4月至2011年9月，货币供应量的变动会带来更大的总贷款余额变动，而总贷款余额的变动也会带来更大的货币供应量变动。通过二者之间的相互促进循环，货币供应量增量对商品房价格的影响被放大了很多倍。这个过程叫作银行信用的货币创造。很显然，在2003年以后，货币供应量和银行信贷之间的传导机制更加通畅，从而促使了货币乘数的上升，进而放大了货币供应量对商品房价格的影响。李治国（2007）、陆前进和朱丽娜（2011）也指出货币乘数在近年来上涨了。

如表3-8所示，2003年以前，LAP、DLM2和DLTL对一个实际利率冲击的响应是负向的，一个月的滞后期后，又变为正向的。王国刚（2012）也持有相同的观点。他认为，2004~2010年，存款利率的上升促进了银行信贷的扩张。因为存款利率的上升促进了存款量的上涨，从而增加了银行的成本，在其他投资金融产品不足的背景下，银行不得不扩张贷款发放来获取盈利。这个过程增加了总贷款和货币供应量，因此，DRI对商品房价格的影响在2003年以后由负向转为了正向。然而，2003年之前，由于1999年进行了不良贷款的剥离，银行的资产充足率很低，银行体系面临着非常困难的局面（何平和殷小斌，2010）。这就解释了2003年以前为什么存款实际利率未能增加总贷款和货币供应量，进而促进房价上涨。2003年以后，国有银行转变为了股份制银行，提升了经营效率。伴随着超额货币供应量，银行出现了流动性过剩，从而促使银行不断扩张对房地产行业的贷款，进而刺激房价的上涨。类似地，沈悦等（2011）发现，银行信贷对房价有重要的影响，实际利率也对房价有正向影响。高波和王先柱（2009）也发现，随着银行信贷对房地产行业的扩张，利率的增长并不能降低房价。徐忠等（2012）强调了利率对房价的负向影响，但他们将货币供应量和利率分别纳入两个模型，这在一定程度上切断了货币供应量和利率之间的关系，从而无法揭示利率的上升对货币供应量和银行信贷扩张的促进作用，进而对房价的上涨有刺激作用。这应该是他们的结论与本书结论不一致的主要原因。

2003 年以来的金融体系改革导致了信贷乘数的上升，也使利率在改革前后两个样本期对房价呈现出相反的影响。正如 ISCR（2012）所指出，中国近年来的银行体系经历了巨大的变化，而且这种过程还在持续。中国银行业监督管理委员会（CBRC）成立的时间不长，2003 年从中国人民银行分离出来，作为银行部门改革的重要一部分。除了加强金融部门的监督与管理外，这些改革也使四大国有银行转变成了股份制公司，巩固了农村信用合作社的作用，重组了股份制银行和证券公司，并改革了保险部门。2003 年成立的 CBRC 作为一个独立的监管当局，虽历时不长，却已经做出了重要的成绩，被广泛赞誉。曹远征（2008）也将中国金融体制改革分为两个阶段：1978 ~ 2003 年以及 2003 年以后。第一阶段的改革主要是将金融机构从国家财政分离出来，第二阶段主要是金融机构和企业的结构性转变。因此，2003 年以后的金融体系改革极大地改善了货币供应量和银行信贷之间的传导效率，促进了信贷乘数的上涨，从而导致大量的货币流入经济中，最后放大了货币供应量对房价的影响。

七、结论

通过建立 VAR 模型，本章实证分析了 2003 年第二季度至 2011 年第三季度货币供应量、银行信贷、房地产开发贷款和购房贷款如何影响商品房和商品住宅价格的传导机制。本章还对比了 1999 年 1 月至 2003 年 3 月及 2003 年 4 月至 2011 年 9 月的货币供应量和总贷款额对商品房价格的影响。主要结论总结如下：

第一，2003 年以后，货币供应量在众多金融数量指标中作为货币政策的官方调控中介目标对房价的影响最大。所以，应该考虑将货币供应量作为最重要的长期调控指标之一。然而，1999 年 1 月至 2003 年 3 月，商品房价格对一个货币供应量冲击的响应很小。2003 年以后货币供应量作用的变大，主要是因为金融体系的改革使货币供应量和银行信贷之间的传导机制更为通畅、有效，高货币乘数通过银行信贷的传导放大了货币供应量对房价的影响。

第二，商品房价格对一个正向总贷款冲击的响应在两个样本期都比较大。在住房市场商业化改革后，银行信贷的扩张是促进商品房价格上涨的重要因素之一。由于中国是银行主导型金融体系，且房地产行业的资金主要来源于银行，所以银行信贷的扩张肯定会对房价有重要影响。这也得到了 Liang 和 Cao（2007）

的支持。他们发现中国存在从银行信贷到房地产价格的单向因果关系。因此，要调控房价的过度上涨，必须加强对银行信贷的监管。

第三，房地产开发贷款冲击的影响是最小的。房地产开发贷款的增加能够降低房地产开发商的融资成本，从而增加商品房供应量，进而降低房价。然而，实际上的传导效应却并不明显。这主要是因为在中国房地产市场上，商品房供给量小于商品房需求量。房地产开发贷款扩张所带来的商品房供给增加，并不足以满足商品房需求。为了满足最基本和广泛的需求，银行信贷应多支持普通住宅开发项目，如经济适用房，而不是别墅、办公楼和商业营业用房。

第四，相较于货币供应量、总贷款和房地产开发贷款冲击对房价滞后 3 个或 4 个季度的影响，购房贷款冲击对商品房价格的影响比较及时。因此，购房贷款是在短期内调控房价最快的中介工具。廖湘岳和戴红菊（2007）也认为房价和购房贷款之间的相互依赖性增强了。然而，长期对房价进行调控时，必须考虑货币供应量、总贷款和房地产开发贷款的影响。因此，在制定货币政策时，考虑时滞非常关键，否则政策效果可能无法满足预期。

第五，实际利率对商品房价格的影响要小于货币供应量和总贷款。2003 年以后，真实利率的上涨导致了货币供应量和银行信贷的增加，因而促进了商品房价格的上涨。这就是之前多年货币当局多次提高利率调控商品房价格，而房价不降反升的原因。

第六，相对于非住宅商品房，商品住宅对于货币供应量、总贷款和购房贷款冲击的响应更强烈，但对真实利率和房地产开发贷款冲击的响应较弱。因此，在制定货币政策调控房价时，需要针对不同类型的商品房采取不同的政策。

第四章　日本货币供应对地价的动态影响

第三章分析了货币性因素对中国房价的动态影响，及其在金融自由化改革前、后期间的变化。本章将分析日本房地产泡沫之前及泡沫期货币供应量对房地产价格的动态影响，然后将日本与中国的结果进行比较，找出二者的异同。

一、引言

在经历了 20 世纪 50 年代至 70 年代的经济发展奇迹后，80 年代后期的房地产价格泡沫破灭对日本经济造成了严重的打击，导致了日本经济史上“失去的二十年”。尽管这发生在 20 多年前，但日本泡沫经济的经历仍然能够给其他国家的经济发展敲响警钟，使其吸取教训、防止经济过热，特别是近年来房价快速飙升的中国。20 世纪 80 年代的日本与 21 世纪的中国有不少相似之处，特别是金融和房地产市场方面，比如说金融自由化改革、本国货币增值和飙升的房地产价格。因此，本章将分析泡沫前后日本的货币因素和银行信贷对房地产价格的动态影响，并将其与中国的情况进行比较。

二、文献回顾

（一）日本泡沫的本质

野口悠纪雄（1989）、西村清彦（1990）、Ito（1993）及 Ito 和 Tokuo

（1996）指出，20 世纪 80 年代日本房地产价格的上涨是泡沫，因为在资产定价理论上这种增长无法用经济基本面进行解释。日本 6 大城市的地价指数在 1985～1990 年先增长至原来的 3 倍，后跌至 1985 年最高值的 45% 左右。基于 Kindleberger（1996）对泡沫的定义"大幅价格上涨，然后跌破上涨幅度"，Barsky（2009）将其称为"日本泡沫"。基于以上文献，本章也将这称为"日本泡沫"。

（二）产生日本泡沫的原因

许多学者都分析了 20 世纪 80 年代产生日本泡沫的原因。宫崎义一（1992）认为，金融自由化、1985 年的广场协议和金融管制撤销都是促使泡沫产生的原因。会计放松政策、公司的金融改变、银行信贷向中小企业的扩张和投资产品的创新都促进了泡沫的扩张。这些制度性改变和改革导致了大量的"M2＋CD"和银行信贷流入房地产行业，从而抬高地价，使其远超其真实价值。Okina、Shirakawa 和 Shiratsuka（2001）、Shiratsuka（2009）指出，以下因素是导致日本泡沫的原因：金融机构的激进行为、金融管制撤销进程、对金融机构不适当的风险管理、资本协定的引入、持续的货币宽松、偏向加速地价上涨的税收和调控、过度乐观和东京经济功能的过度集中等。岩田规久男（1992）认为，地价的飙升主要源自宽松的货币、东京作为一个全球金融信息中心而对其地价的上升预期、国内主要城市需求的扩张。宫尾尊宏（1991）、原田泰和井上裕行（1991）也持有与以上学者一致的观点。Hoshi 和 Kashyap（2000）、Hoshi 和 Kashyap（2001）指出，20 世纪 80 年代，大型及著名的制造企业都通过发行债券筹集资金，所以银行失去了一直与其相关联的主要客户，因此，银行不得不向非银行中介及与房地产业相关联的小公司增加贷款发放。以上的文献都表明，金融自由化和管制撤销等制度性变化带来了大量的货币供应量和银行信贷对房地产行业的扩张，最终导致了 20 世纪 80 年代的日本房地产泡沫。

（三）货币因素对房地产价格影响的实证研究

关于货币性因素和银行信贷对房地产价格的影响，有不少学者进行了实证研究。Ito 和 Tokuo（1996）研究了在信息不对称的情况下，银行给需要收购土地或股票的项目发放贷款的意愿。运用 20 世纪 80 年代后半期的数据，他们通过构建 VAR 模型发现银行对房地产的总贷款导致了日本地价的上升。Mora（2008）运用 20 世纪 80 年代初期的银行对企业集团公司的贷款减少作为衡量房地产贷款供应量的工具。通过 47 个县的面板时间序列数据，Mora 发现房地产贷款占总贷款的比例每增加 0.01，1981～1991 年的地价就上涨 14%～20%。吉冈孝昭和山田浩之（2002）指出，除了经济基本面，货币供应量对 20 世纪 80 年代后期的地价飙升具有重要的作用，而金融宽松加速了其上涨。以上的研究都表明货币供应量或银行信贷作为金融因素的代表变量，对日本地价的上涨都有着重要的作用。因此，本章将进一步分析货币性因素如货币供应量、利率和银行信贷对日本地价的影响，并且对泡沫前后时期进行比较，这会很有价值。

（四）国际比较

不少研究将日本的泡沫时期与其他国家进行了比较。Kim 和 Suh（1993）将未来房价预期引入需求函数中，对日本和韩国构建了一个投机模型，发现韩国在 1974 ~ 1989 年、日本在 1972 ~ 1988 年存在泡沫。Shimizu 和 Watanabe（2010）比较了日本和美国的泡沫，发现泡沫期在价格触底时间、需求和价格的关系以及住房租金波动等方面的特征。Ueda（2011）比较了 20 世纪 80 年代的日本泡沫、2008 年的美国泡沫以及近年来中国的泡沫，发现日本和中国的经历非常相似。因此，本章将比较日本和中国的货币性因素对房地产价格的影响，发现两国之间的异同点。

综上所述，之前的制度性分析都强调了金融因素对 20 世纪 80 年代日本泡沫的重要性。同时，一些实证研究也发现货币供应量和银行信贷对日本泡沫期地价的飙升有显著的促进作用。如第三章第三部分所示，货币供应量能够直接或通过利率和银行信贷间接影响房地产价格，本章也将实证分析日本这些变量的影响。随着 1984 年开始的金融自由化和管制撤销改革，这些货币性变量可能会在此前后有不同的表现，因此本章将 1984 年作为分割点将样本期分为泡沫前及泡沫期两个时期进行比较分析。本章将实证分析三个货币性变量（货币供应量、银行信贷和利率）对日本地价的影响，并将其与中国的结果进行对比。

三、日本的金融自由化改革

（一）“二战”后至 1975 年的金融体系

在第二次世界大战之后，日本面临着原材料和资金的极度匮乏问题，这很大程度上抑制了经济的增长。在这种背景下，日本优先发展投资和出口，并通过进口获取原材料。当时的金融体系也致力于加速经济复苏和发展。

在此期间，利率是被控制的，特别是存款利率，从而避免金融机构面对毁灭性的竞争。这被称为“护航体系”。金融业务主要通过以下三种方式进行控制：

分离长期与短期金融业务、分离银行部门和证券部门、分离传统银行业和信托业务。最终，金融机构有着稳定的业务范围，而不是面对激烈的竞争，所以它们能够满足企业的巨额资金需求。而且，国内金融市场也与国外金融市场相隔离，从而更好地控制国内市场，以免其受到国外市场的干扰。因此，通过一个控制性金融体系，日本实现了这个时期的经济快速增长。

这种控制性金融体系有四个主要特征：间接融资的主导地位、过度借款、过度放贷和资金的分布不均（Suzuki，1987）。在银行主导型金融体系下，由于债券市场不够发达，融资活动主要通过银行进行。由于缺少其他资金来源，为了满足扩张投资的资金需求，企业部门极度依赖于从银行获得贷款。由于私有银行部门可以从日本银行（Bank of Japan）获取准备金，这使得银行可以发放大于其存款额或自有资金的贷款。地区性银行往往拥有过剩资金，而城市银行往往资金缺乏，因为大部分的贷款需求都集中在城市银行。

（二）1976～1990 年的金融自由化改革

随着经济环境的改变，例如石油危机、因政府债务飙升而需要发展债券等，日本在 20 世纪 70 年代末开始了金融自由化。然而，由于美国认为其快速上涨的国际收支赤字主要来源于日元价值被低估，迫于美国的压力，1983 年末日本才开始了实质性的金融自由化进程。

日本大藏省（主管日本财政、金融、税收的最高行政机关）在 1977 年开放了政府债券的二级市场，并且在 1978 年通过公开拍卖发行了一些债券。无担保直接债券和无担保债券（CBSA）开始被允许发行。

不仅著名的大企业能获得直接融资，连拥有发展潜力的小公司也能通过间接融资筹集到足够的资金。大额可转让定期存单（CDs）也在 1979 年开始发行。1980 年，日本颁布了《外汇和贸易控制法案》，表明日本向国外投融资机构打开了大门。1984 年，日本发表的《日元/美元外汇比报告》同意：①非居民发行欧洲日元债券的自由化；②在日本可自由发行日元主导型的 CDs；③允许外资银行和日本的银行发行期限在 6 个月或以下的欧洲日元 CDs；④符合条件的外资银行可以进入信托银行业。

20 世纪 70 年代末，一些利率开始自由化，比如短期拆借市场利率和票据利率等。1984 年，在日本政府将利率管制撤销提上日美元委员会，全面的利率自由化开始了（Frankel，1984）。20 世纪 80 年代末期，除存款利率外，所有的利率都彻底放开了管制。从大额存款利率开始，存款利率在 20 世纪 80 年代至 90 年代一步步放开，最终在 1993 年实现了彻底自由化。

显然，随着金融自由化，日本产生了多种融资渠道和来源，而不像 1975 年以前那样只有国内银行贷款。日本企业降低了其对国内银行融资的依赖，而越来越多地使用其他资金来源，比如，在欧洲和东京离岸市场发行企业债券。如此下去，银行出现了流动性剩余，因而银行不得不向小企业增加贷款发放量，而这些小企业大部分都与房地产行业相关或者通过土地抵押融资。另外，随着日元的升值以及金融部门和资本账户的开放，大量的外资涌入日本，这进一步增加了货币供应量和流动性水平，以及流入房地产的资金。

与中国21世纪的金融改革相比，中日两国有三个相似点。第一，中国和日本都是银行主导型金融体系，因而银行信贷是资金的主要来源。第二，中国和日本都经历了实质性的金融自由化改革。中国的金融开放和银行重组改革分别提高了基础货币和货币乘数，最终带来货币供应量的上升和流入房地产的资金上升。日本的金融自由化改革也导致了更高的外资流入、流动性过剩、货币供应量水平上升、流入房地产的资金增多。第三，中国和日本在金融自由化改革时期都未能实现利率的完全自由化。中国在2013年和2015年才分别实现了贷款和存款利率的自由化，而日本在20世纪80年代就实现了除存款利率外的所有利率的自由化，相对来说，日本的利率自由化改革步伐更大。中日两国的不同之处在于银行部门。中国实现了银行重组改革，从而大大提升了银行部门的经营业绩。但在日本，随着金融自由化，主银行都失去了与其关联的首要客户——大型制造企业，转而向与房地产相关的小公司发放贷款。

四、货币供应量影响日本房地产价格的机制

理论上，货币供应量的改变（货币数量）将导致利率（货币价格）和银行信贷的变动，因而货币供应量可以通过利率及银行信贷影响经济活动。同时，根据货币数量理论，货币数量能够直接影响价格水平。可见，货币供应量可以通过以下三种机制影响房地产价格：

（一）利率机制

凯恩斯利率认为，利率的变动能够影响融资成本进而影响经济活动。1947～1974年，日本的利率主要由大藏省和日本银行（BOJ）决定，从1975年开始，日本银行对贷款利率的指导性限制被取消了。随着20世纪80年代的金融自由化和管制撤销，利率一步步实现自由化。Moreno和Sun（1993）指出，日本银行仍然密切关注利率，并且一直将其作为操作目标。

（二）银行信贷机制

货币供应量的变动会影响银行信贷，进而影响经济活动。Ogawa（2000）、Brissimis 和 Magginas（2005）发现信贷机制是日本货币效应传导最重要的渠道。值得注意的是，在泡沫时期银行大幅提高了对房地产部门的间接融资。上田和夫（2007）指出，银行大量扩张对非银行金融部门的贷款，而非银行金融公司大量向房地产部门放贷。对金融部门的银行贷款占总贷款比重，从 1974 年的小于 1%，增加到 1979 年的 3%，再增至 1989 年的 10%。在这些贷款中，流入房地产部门的比例由 1974 年的低于 18%，增长到 1979 年的 43%，以及 1989 年的 85%。

（三）其他机制

与第三章第三部分中讨论到的中国情况一样，货币供应量的变动会直接导致日本房地产市场的变动。因此，货币供应量对日本房地产价格的影响可以总结为图 4－1。

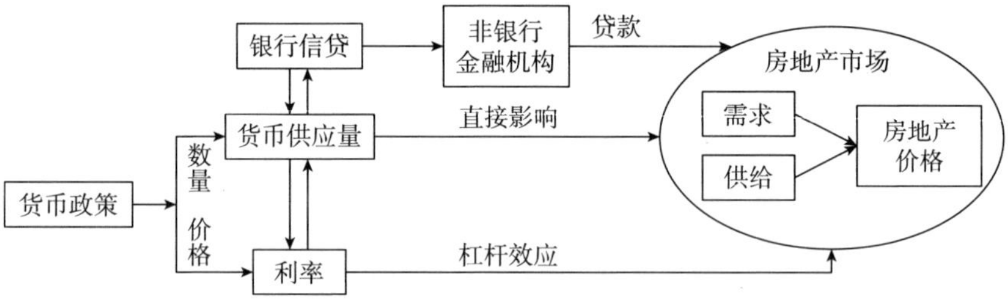

图 4－1 货币供应量对日本房地产价格的影响机制

五、日本和中国的金融因素和房地产市场

（一）货币供应量

图 4－2 描述了 1968～1998 年日本的“实际 GDP＋GDP 平减指数”以及 M2 的增长率。1955～1973 年，日本经历了快速的经济增长。1968～1973 年，“实际 GDP＋GDP 平减指数”的平均实际增长率为 9%，而 M2 的平均增长率为 20.1%。

之后，经济增长开始变得缓和，1974～1990年的“实际GDP+GDP平减指数”的平均实际增长率为3.9%，M2的平均增长率也减缓至10.3%。此后，日本进入了一个经济滞胀期。1992～1998年，“实际GDP+GDP平减指数”的平均实际增长率和M2的平均增长率分别为1.4%和2.4%。显然，在1991年之前，M2的增长率远远大于“实际GDP+GDP平减指数”的实际增长率，二者在1968～1973年及1974～1990年的差值分别为11.1%和6.4%，但1991～1998年仅有1%的差距。以上的数据表明，在泡沫破灭之前，日本一直有大量的货币供应量和流动性。

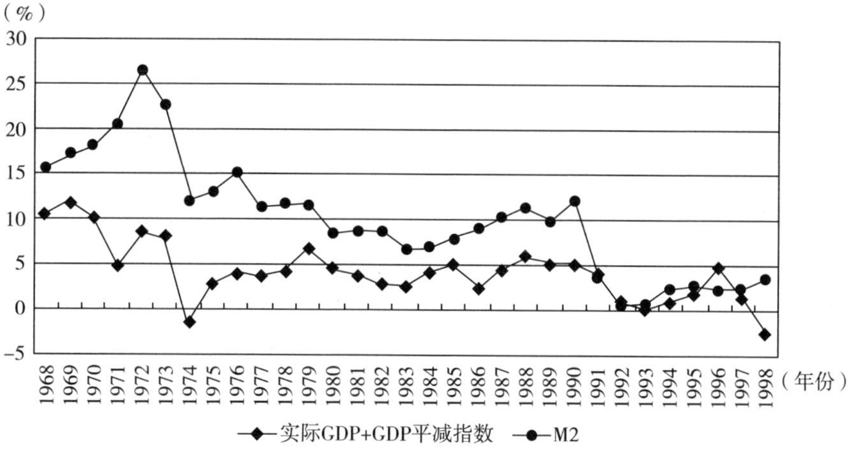

图4-2　日本“实际GDP+GDP平减指数”以及M2的增长率

注：①M0：流通中的现金；M1：M0+存款；M2：M1+准货币（定期存款+固定储蓄+分期储蓄+非居民日元储蓄+外币存款）。②基准年份为1990年。

数据来源：日本统计局。

（二）利率

图4-3描述了日本各种利率的走向。1967～1984年，存款利率一直在2.0%左右波动，而贷款利率整体呈现出一个缓慢的下降趋势，住房贷款利率也从10%下降到7.8%左右。而从1985年开始，存贷款利率及住房贷款利率都开始大幅下降，特别是在1986～1989年，三者分别达到了将近0.2%、5.2%和5.6%的谷底。这种低利率会刺激更多资金流入房地产领域。在1989年后，利率陡然上升，因为日本政府实施了紧缩性利率政策，以阻止泡沫的进一步扩张，最终泡沫在1991年破灭。从1992年开始，日本经济受到了泡沫破火的重创，开始进入一个低利率时期（零利率时期）。由此可见，低利率伴随着20世纪80年代日本房地产价格的上升。

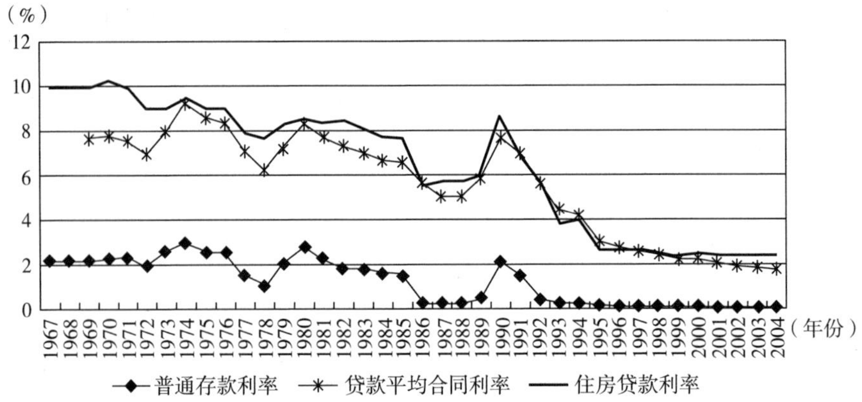

图 4-3　日本的不同类型利率

数据来源：日本统计局。

图 4-4 描述了 1990~2012 年中国的一年期存贷款基准利率。二者都在 1995 年达到了一个峰值，然后就开始不断下降。除了 2007 年实施紧缩性货币政策以调控房价上涨之外，1999~2010 年，一年期存款利率和一年期贷款利率分别在 2.0% 和 4.0% 左右波动。在 2008 年全球金融危机后，利率水平从 2011 年开始又有紧缩趋势。而在 2013 年之前，定期存款利率和贷款利率也是由主要银行决定的，与 20 世纪 80 年代的日本相类似。

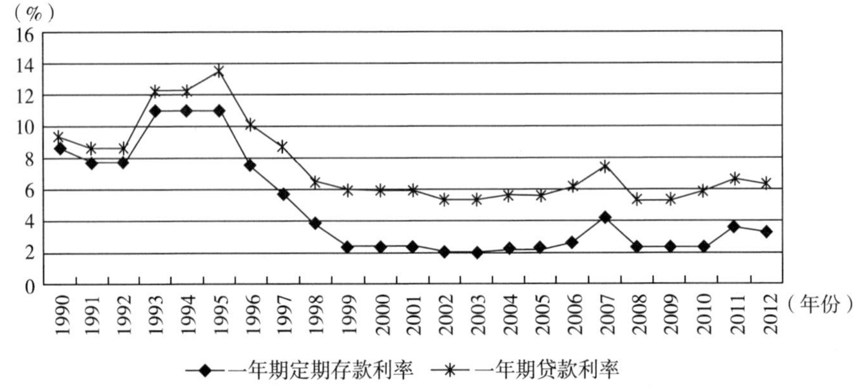

图 4-4　中国的不同类型利率

数据来源：中国人民银行。

（三）银行信贷

图 4-5 展示了 1971~2005 年日本总贷款、对房地产行业贷款的增长率。在 20 世纪 70 年代前半期，总贷款和对房地产行业贷款的增长率都出现了快速下降的趋势，然后在 70 年代后半期，前者有轻微下降趋势，而后者则除 1978 年有小幅上升以外，一直在 6% 左右波动。在 80 年代，总贷款和对房地产行业贷款的增

长率开始上涨，在此期间二者的平均增长率分别为 9.6% 和 18.4% 。但对房地产行业贷款的增长率上升趋势明显，其上升幅度远远大于总贷款，而且在 1986 年达到 32.4% 的最高值，比总贷款增长率高 23.7% 。这些数据都表明在 20 世纪 80 年代，日本的银行信贷大大扩张了对房地产行业的贷款。

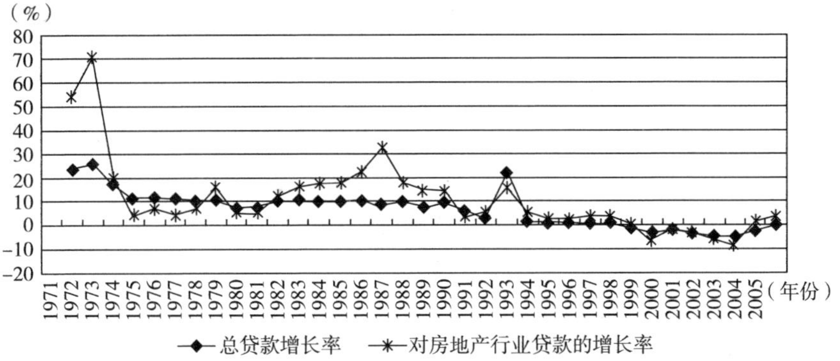

图 4－5　日本总贷款和对房地产行业贷款的增长率

注：1991 年以前的数据都不含信托子公司和外资信托银行。这就是 1992 年总贷款和对房地产行业贷款的增长率突然上涨的原因。

数据来源：日本统计年鉴。

图 4－6 描述了 2004～2010 年中国总贷款、房地产贷款（包括房地产开发贷款和购房贷款）的增长率。房地产贷款增长率除 2008 年以外，远远大于总贷款的增长率，二者的平均差值为 8.4% ，且在 2006 年达到了 38.5% 的最大差值。同样地，除 2008 年以外，房地产开发贷款和购房贷款的增长率也远大于总贷款的增长率。由此可见，与日本 20 世纪 80 年代的情况相似，中国也存在银行信贷对房地产行业大幅扩张的现象。

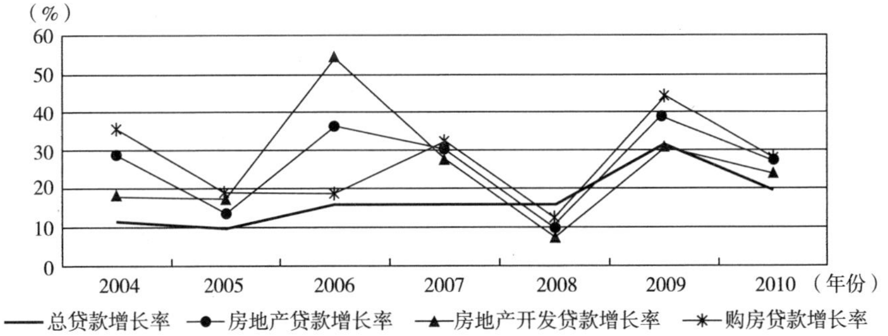

图 4－6　中国总贷款、房地产贷款、房地产开发贷款和购房贷款的增长率

数据来源：中国人民银行和各期的《中国货币政策执行报告》。

（四）房地产市场

图 4－7 描绘了日本不同用途类型城市土地价格指数的变化。三种用途类型的城

市土地，包括商业用地、住宅用地和工业用地，都从1955年开始到1991年一直增长。在1974年，它们达到第一个峰值，然后从1975年又开始了第二轮的上涨，直至1991年。1991年的地价几乎增长至1976年的3倍。全国地价指数从1976年的59.4增长至1984年的89.0，然后又快速增长至1991年的147.8。可见，从20世纪80年代后期开始，日本地价的增长幅度最为剧烈。其中，商业用地价格指数最高，在1991年达到了195.5，其次是住宅用地（126.1左右）和工业用地（122.6左右）。

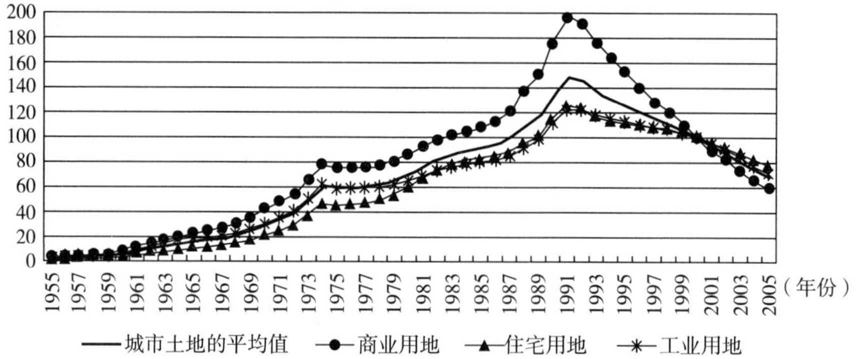

图4-7　日本不同用途类型的城市土地价格指数

数据来源：日本统计局。

图4-8描述了1998~2009年中国的商品房平均销售价格的走势①。从2003年开始，四种类型的商品房价格都开始以一个更高的速度增长。办公楼的平均销售价格最好，其次是商业营业用房、住宅和其他。与日本的情况类似，商业用房的价格要高于住宅用房价格。

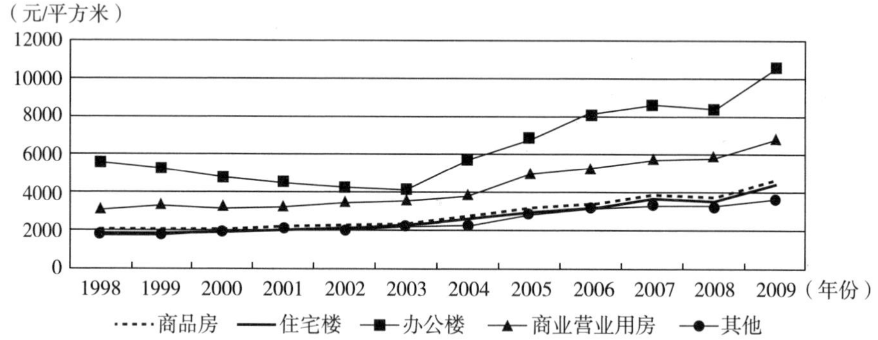

图4-8　中国商品房平均价格

数据来源：《中国统计年鉴》（2010年）。

① 因为日本实行土地私有制，且房价和地价分离，所以不动产价格主要由土地价格代表。而中国实行土地公有制度，房价中包含土地使用权价值。因此，本章中将不同用途种类的商品房价格对应日本相应用途种类的地价，即中国的办公楼和商业营业用房价格对应日本的商业用地价格，中国的商品住宅价格对应日本的住宅用地价格。

六、数据和建模

第四部分分析了日本货币供应量的变动可以直接影响房地产价格或通过利率、银行信贷机制间接影响房地产价格。因此，本章在实证分析中采用了以下 4 个时间序列变量，括号中是其对应的简称。

广义货币（M2）代表经济中的总货币数量水平。银行总贷款余额（TL）是指银行所发放贷款的总余额。实际存款利率（RI）等于一年期存款名义利率减去通货膨胀指数（CPI），用来代表货币价格水平。全国所有城市土地价格指数（LP）用来作为房地产价格水平的代表。所有的数据都来源于日本统计局、日本银行月度经济统计和日本房地产协会发布的城市地价指数。所有的数据都是月度数据。运用“就近三次仿样匹配”（Cubic Match Last）方法①，即将半年期值赋予该半年期的最后一个月，然后中间的月度值在三次仿样函数基础上以内插值替换，城市土地价格指数由半年期数据转换为月度数据。除 RI 以外，这些变量都取了对数形式，然后运用 X11 方法进行了季节调整，最后分别表示为 LM2②、LTL、RI 和 LLP。

Mora（2008）指出，在 20 世纪 50 ~ 70 年代的日本奇迹期间，政府的优先发展重心从军事转向了工业。Iyoda（2010）也将战后日本的经济发展分为了四个时期：经济复苏期（1946 ~ 1950 年）、快速增长期（1950 ~ 1973 年）、缓和增长期、含泡沫期（1976 ~ 1991 年）和滞胀期（1992 年至今）。基于以上文献的分析，本章将 1976 ~ 1991 年作为实证分析的研究时期，且将其分为两个样本期：1976 年 4 月至 1983 年 12 月作为第一个样本期、1984 年 1 月至 1991 年 3 月作为第二个样本期。将 1984 年作为两个样本期分割点的原因是，日本从 1984 年开始实施实质性的金融自由化改革。

表 4 - 1 是第一个样本期变量序列的 ADF 平稳性检验结果。LM2、LTL 和 RI 为一阶平稳序列，而 LLP 则为二阶平稳序列。为了保持变量之间的一致性，本章

---

① Basile 和 Joyce（2001）也将日本半年期城市土地价格指数转换为月度数据，但没提及其使用的方法。在将低频序列转换为高频序列的六种方法中，只有“就近三次仿样匹配”（Cubic Match Last）和“就进线性匹配”（Linear Match Last）能够保持低频序列观测值，并引入高频序列的前一期，这与日本的土地价格指数一致，比如，1980 年前半年期土地价格指数等于 1980 年 6 月的土地价格指数。而且，“就近三次仿样匹配”方法处理过的数据在其对数形式上有波动性，而“就近线性匹配”方法却没有波动性，所以前者更适合于本章的地价指数。

② 此处的“L”表示序列是对数形式，“LM2”表示 M2 的对数形式，“LTL”和“LLP”以此类推。

运用 LM2、LTL、RI 和 LLP 的一阶差分序列即 DLM2①、DLTL、DRI 和 DLLP 尝试性地建立了一个 VAR 模型，且单位根检验发现该模型是稳定的，可以进行后续的脉冲响应函数分析。所以，本章将第一个样本期由 DLM2、DLTL、DRI 和 DLLP 建立的 VAR 模型记为模型（4－1）。

表 4－1　ADF 平稳性检验结果（第一个样本期）

原序列				一阶（D）/二阶（DD）差分序列			
序列	（C，T，P）	ADF 检验统计值	P 值	序列	（C，T，P）	ADF 检验统计值	P 值
LM2	（C，T，0）	－2.216500	0.4746	DLM2	（C，0，0）	－11.47736	0.0001
LTL	（C，T，1）	－1.048687	0.9312	DLTL	（C，0，0）	－13.05361	0.0001
RI	（C，T，0）	－2.978137	0.1440	DRI	（C，0，0）	－11.26145	0.0001
LLP	（C，T，4）	－2.099873	0.5385	DLLP	（0，0，1）	－11.36221	0.0000

表 4－2 为第二个样本期变量序列的 ADF 平稳性检验结果。与第一个样本期一样，变量包括 LM2、LTL、RI 和 LLP。在 1% 的显著性水平上，序列 LM2、LTL 和 RI 是一阶平稳性序列，而序列 LLP 是二阶平稳性序列。同样地，为保持变量一致性，本章运用 DLM2、DLTL、DRI 和 DLLP 尝试性地建立了一个 VAR 模型，且单位根检验发现该模型是稳定的，说明后续脉冲响应函数分析将是稳定可靠的。所以，本章将第二个样本期由 DLM2、DLTL、DRI 和 DLLP 建立的 VAR 模型记为模型（4－2）。

表 4－2　ADF 平稳性检验结果（第二个样本期）

原序列				一阶（D）/二阶（DD）差分序列			
序列	（C，T，P）	ADF 检验统计值	P 值	序列	（C，T，P）	ADF 检验统计值	P 值
LM2	（C，T，0）	－3.958208	0.0137	DLM2	（C，0，0）	－14.12741	0.0001
LTL	（C，T，1）	0.465939	0.9991	DLTL	（C，0，0）	－11.73537	0.0001
RI	（C，0，0）	－2.820049	0.0596	DRI	（C，0，0）	－11.11276	0.0001
LLP	（C，T，2）	－2.495503	0.3297	DLLP	（0，0，0）	－14.46650	0.0000

本书在第三章第五部分已经做了 VAR 模型的介绍。因为本章有两个样本期，

① 此处“D”表示一阶差分序列，“DLM2”是广义货币 M2 对数形式的一阶差分序列，“DLTL”和“DLLP”以此类推。“DRI”是实际利率的一阶差分序列。

所以建立了两个 VAR 模型，而且两个 VAR 模型都由同样的变量组成，如下所示：

y_t = ［$DLM2_t$，$DLTL_t$，DRI_t，$DLLP_t$］

模型（4－1）是针对泡沫之前的时期，即 1976 年 4 月至 1983 年 12 月，称为第一个样本期，而且被 SMLR（Sequential Modified Likelihood Ratio）、FPE（Final Prediction Error）和 AIC（Akaike Information Criterion）原则赋予了三阶滞后期。模型（4－2）针对泡沫期，即 1984 年 1 月至 1991 年 3 月，称为第二个样本期，且被 SMLR、FPE、AIC、SIC（Schwarz Information Criterion）和 HQIC（Hannan－Quinn Information Criterion）原则赋予了三阶滞后期。

七、脉冲响应函数的结果

（一）第一个样本期结果

第一个样本期的模型（4－1）的广义脉冲响应函数的结果，如图4－9 所示。而且表4－3 总结了在其他变量或其自身受到一个1%正向冲击后，每个变量的最大响应值。

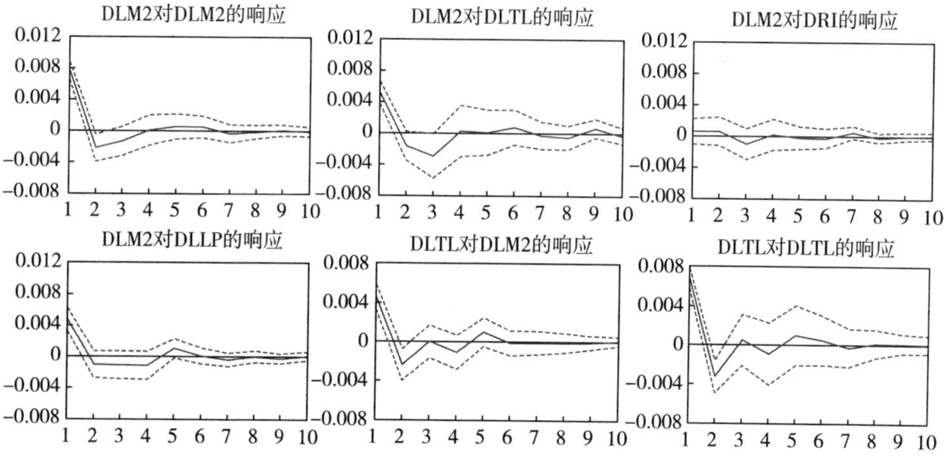

图4－9　模型（4－1）的广义脉冲响应函数结果（第一个样本期）

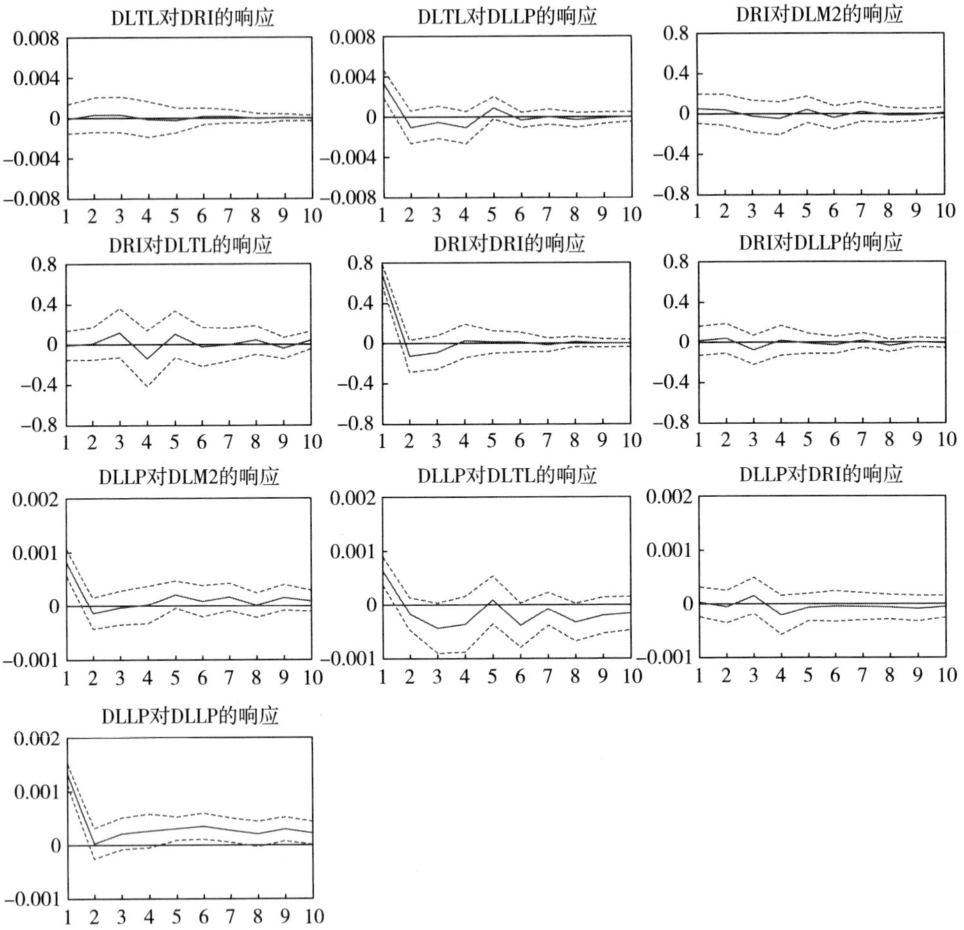

图4－9　模型（4－1）的广义脉冲响应函数结果（第一个样本期）（续图）

表4－3　在其他变量或自身受到一个冲击后，各个变量的最大响应值（第一个样本期）

受冲击变量 / 最大的响应	DLM2	DLTL	DRI	DLLP
DLM2（T，数值（%））	（1，0.77）	（1，0.52）	（3，－0.10）	（1，0.47）
DLTL（T，数值（%））	（1，0.46）	（1，0.68）	（2，0.03）	（1，0.33）
DRI（T，数值（%））	（2，5.25）	（4，－13.90）	（1，68.58）	（3，－7.55）
DLLP（T，数值（%））	（1，0.08）	（1，0.06）	（4，－0.02）	（1，0.13）

注：“T”指其他变量或其自身受到一个1%正向标准差变动时，每个变量达到最大响应的期数。“数值”是指对应变量最大响应的数值，其单位为%。例如，（a，b）是指在“a”期，该变量达到了最大影响值“b%”。

对于一个1%正向货币供应量冲击[①]和总贷款冲击，DLLP的响应是正向的，并且在第一个月分别达到0.08%和0.06%的最大值。但对于一个1%正向实际利率冲击，DLLP有负向响应，并且在第四个月达到最低值-0.02%。

在一个1%正向货币冲击后，DLTL的响应在第一个月达到0.46%的最高值。对于一个1%正向总贷款冲击，DLM2在第一个月达到最大的响应值0.52%。可见，在第一个样本期，DLM2对DLLP的正向影响是最大的，其次是DLTL对DLLP的正向影响，最后是DRI对DLLP的负向影响。在这个时期，由于利率未被取消管制，货币供应量在货币政策的三个操作目标中（货币供应量、银行信贷和利率），对经济活动具有最大的影响力。

（二）第二个样本期的结果

针对第二个样本期的模型（4-2）的广义脉冲响应函数的结果如图4-10所示。表4-4描述了在其他变量或其自身受到一个1%正向冲击后，各个变量的最大响应。

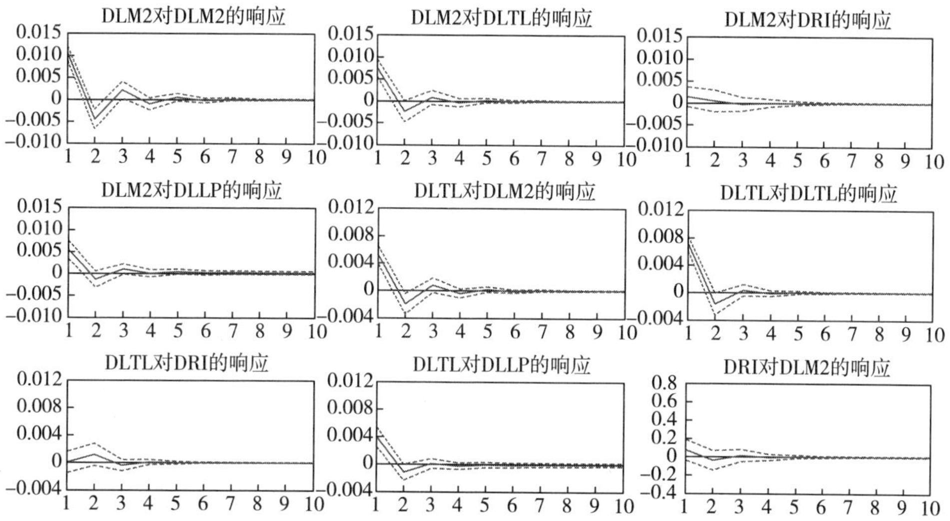

图4-10 模型（4-2）的广义脉冲响应函数结果（第二个样本期）

---

① 本章中，"一个1%正向货币冲击"是指一个对DLM2的1%正向冲击，即对于广义货币供应量M2对数增量的一个1%正向标准差改变。"一个1%正向总贷款冲击"以此类推。"一个1%正向实际利率冲击"是指一个对DRI的1%正向冲击，即对于实际利率增量的一个1%正向标准差改变。

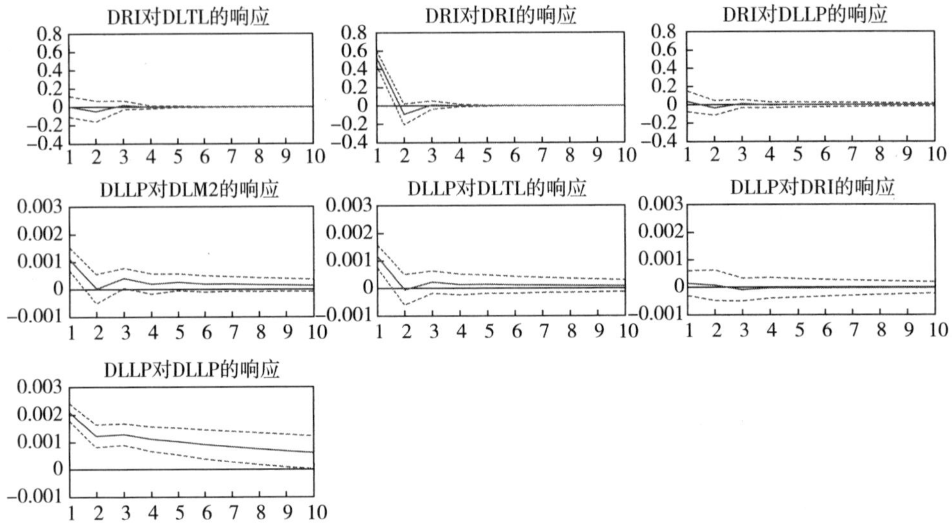

图4-10 模型（4-2）的广义脉冲响应函数结果（第二个样本期）（续图）

表4-4 其他变量或自身受到一个冲击后各个变量的最大响应值（第二个样本期）

受冲击变量 / 最大的响应	DLM2	DLTL	DRI	DLLP
DLM2（T，数值（%））	（1，1.04）	（1，0.75）	（1，0.15）	（1，0.55）
DLTL（T，数值（%））	（1，0.52）	（1，0.72）	（2，0.12）	（1，0.40）
DRI（T，数值（%））	（1，7.41）	（2，-5.00）	（1，52.11）	（1，3.59）
DLLP（T，数值（%））	（1，0.11）	（1，0.12）	（1，0.01）	（1，0.21）

注："T"指其他变量或其自身受到一个1%正向标准差变动时，每个变量达到最大响应的期数。"数值"是指对应变量最大响应的数值，其单位为%。例如，（a，b）是指在"a"期，该变量达到了最大影响值"b%"。

在一个1%正向货币冲击和总贷款冲击后，DLLP的响应是正向的，并且在第一个月分别达到0.11%和0.12%的最大值。DLLP对一个1%正向实际利率冲击的响应也是正向的，并且在第一个月达到0.01%的最大值，然后从第三个月开始变为负向响应。在一个1%正向货币冲击后，DLTL的影响在第一个月达到了最大值0.52%。DLM2对于一个1%正向总贷款冲击的响应在第一个月达到0.75%的最大值。

综上所述，在第二个样本期，DLTL对DLLP的影响最大，其次是DLM2，最后是DRI。值得注意的是，DRI对DLLP的影响非常有限，表明在这个时期利率的杠杆效应受到了阻碍。另外，银行信贷的作用甚至大于货币供应量的作用。20世纪80年代的金融自由化和管制撤销使大公司独立于其主银行。因此，银行必须向其他公司扩张信贷，而这些公司大部分跟房地产业有关。随着大量的银行贷款涌入房地产行业，其对日本地价的影响甚至大于货币供应量的影响。正如宫崎义一（1992）和 Mora（2008）所指出的，主银行和大企业之间关系的弱化导致了银行信贷对房地产行业的扩张。

（三）中国和日本结果的比较

表 4－5 和表 4－6 分别总结了日本和中国在两个样本期的结果。中国的模型为第三章中所建立的 VAR 模型，与本章的日本模型有类似的变量。唯一的区别是房地产价格的代表变量，在日本模型中为地价指数对数的一阶差分序列（DLLP），而中国模型中则为商品房平均价格对数的原序列（LAP）。因为前者是一阶差分序列值，而后者为原序列，二者虽不能直接比较，但可以通过它们的变化进行间接比较。例如，是否日本的 DLLP 和中国的 LAP 都对货币供应量冲击的响应大于对总贷款冲击的响应？是否日本的 DLLP 和中国的 LAP 对总贷款冲击的响应在第二个样本期都大于第一个样本期？

表 4－5　两个样本期广义脉冲响应函数结果的主要数据

（货币数量冲击）

单位：%

最大的响应	DLLP/LAP 对货币供应量冲击的响应		DLLP/LAP 对总贷款冲击的响应		DLTL 对货币供应量冲击的响应		DLM2 对总贷款冲击的响应	
国家	日本（DLLP）	中国（LAP）	日本（DLLP）	中国（LAP）	日本	中国	日本	中国
第一个样本期	0.08	0.26	0.06	1.84	0.46	0.11	0.52	0.17
第二个样本期	0.11	1.94	0.12	1.37	0.52	0.62	0.75	0.52

注：①对于日本，第一个样本期为 1976 年 4 月至 1983 年 12 月，第二个样本期为 1984 年 1 月至 1993 年 3 月。对于中国，第一个样本期为 1999 年 1 月至 2003 年 3 月，第二个样本期为 2003 年 3 月至 2011 年 9 月。②中国的数据来源于第三章。

表 4－6　两个样本期广义脉冲响应函数结果的主要数据

（货币价格冲击）

单位：%

最大的响应	DLLP/LAP 对实际利率冲击的响应		DLM2 对实际利率冲击的响应		DLTL 对实际利率冲击的响应	
国家	日本（DLLP）	中国（LAP）	日本	中国	日本	中国
第一个样本期	－0.02	－1.02	－0.10	－0.24	0.03	－0.18
第二个样本期	0.01	0.56	0.15	0.16	0.12	0.17

注：①对于日本，第一个样本期为 1976 年 4 月至 1983 年 12 月，第二个样本期为 1984 年 1 月至 1993 年 3 月。对于中国，第一个样本期为 1999 年 1 月至 2003 年 3 月，第二个样本期为 2003 年 3 月至 2011 年 9 月。②中国的数据来源于第三章。

1. 相似点

如表 4－6 所示，在第二个样本期，中国和日本的实际利率冲击对房地产价格的影响都小于货币供应量冲击和总贷款冲击的影响。同时，实际利率冲击在第二个样本期对房地产价格、货币供应量和银行信贷都有正向的影响。这表明日本和中国在对应的时间段内，由于政府对利率的管制，利率的杠杆效应都受到了阻碍，利率没法有效地反映货币供应量的需求状况。日本的利率管制撤销开始于 20 世纪 80 年代，直到 1993 年存款利率才完全市场化。中国的利率管制撤销开始于 21 世纪初，但贷款利率和存款利率分别到 2013 年、2015 年才完全市场化。相反，在货币供应量大和流动性过剩的情况下，银行为了应对存款利率上涨带来的成本增加，更大规模地向房地产行业扩张贷款，导致货币数量的增加以及更多的资金流入房地产，从而促使房地产价格的进一步上涨。

如表 4－6 所示，在中国和日本，货币供应量冲击对房地产价格水平的影响在第二个样本期要明显大于第一个样本期。而且，第二个样本期的 DLTL 和 DLM2 之间的相互作用力也明显大于第一个样本期。可见，不管是在中国还是在日本，随着金融自由化和管制撤销改革，货币供应量和银行信贷之间的相互作用得到了增强，货币数量可以通过银行信贷放大更多倍，导致货币供应量和流动性增加，进而使更多的资金流入房地产，促进房地产价格的上涨。

2. 区别

第一个不同点是，相较于 1976～1983 年的日本，1999～2003 年中国的 DLTL 和 DLM2 的相互作用较弱。因为在 1976 年以前，日本的主银行金融体系就已经有了很长的发展历史，而中国的银行主导型金融体系从 1994 年才开始商业化。所以，日本的主银行金融体系比中国的银行主导型金融体系更成熟，银行信贷和货币供应量之间有着更紧密更大的相互作用关系。

第二个不同点是，总贷款冲击对日本 DLLP 的影响在第二个样本期要远远大于第一个样本期，甚至大于货币供应量冲击的影响，而在中国则刚好相反。在日本，随着金融自由化进程，原来依靠银行融资的大企业改为通过在金融市场上发行债券和股票进行融资。随着这些大企业与其主银行关系的减弱，银行不得不向非银行金融机构和小公司放款，特别是房地产抵押贷款。随着存款的增加，银行持有高流动性，进而放松了对房地产抵押贷款的要求，甚至根据房地产的未来预期价值发放贷款，这导致大量资金流入房地产，促进了房地产价格的进一步上升。宫崎义一（1992）和 Mora（2008）持有相似的观点，他们认为金融自由化改革让主银行可以公开融资，这减少了大企业对主银行的依赖，银行失去了其最主要的客户而不得不向房地产行业扩张贷款。但在中国，从 1998 年住房商业化改革以后，房地产行业主要依赖银行信贷进行融资，但在第二个样本期金融市场的发展给房地产公司提供了更多融资渠道，所以这种依赖程度少许下降。房地产开发企业资金来源中的国内贷款占其[①]总资金比例由 2003 年的 23.8% 下降到 2011 年的 15.2%。

八、结论

本章分析了货币供应量、银行信贷、实际利率等货币性因素对日本地价的影响，包括泡沫前的时期（1976 年 4 月至 1983 年 12 月）和泡沫时期（1984 年 1 月至 1991 年 3 月），而且比较了其与第三章中建立的中国模型的结果。主要的结论总结如下：

第一，相对于实际利率的微弱影响，货币供应量冲击和总贷款冲击对日本地价有显著的正向影响，分别为 0.11% 和 0.12%。而且，与中国两个样本期的情况相似，货币供应量对日本地价的影响在第二个样本期远远大于第一个样本期。因为在第二个样本期的金融自由化改革加强了货币供应量和银行信贷之间的互动关系，银行信贷对于货币数量的放大作用更强，导致经济中存在更多的货币、流动性水平高以及流入房地产的资金增多，最终促进了房价的上涨。

第二，总贷款冲击对日本地价的影响在第二个样本期大于第一个样本期，甚至大于货币供应量的影响。这与中国的情况刚好相反。因为 20 世纪 80 年代日本大企业与主银行关系弱化，银行不得不向房地产行业扩张贷款，导致更多资金流入房地产行业，从而促进了地价的上涨。但在中国，房地产行业一直都依赖银行信贷进行融资，尽管在第二个样本期这种依赖性少许下降。

第三，在中国和日本，实际利率冲击对房地产价格的影响都远小于货币供应量冲击和总贷款冲击。同时，在第二个样本期，实际利率冲击对房地产价格、货币供应量和总贷款都有正向的影响。一方面是因为利率受到管制，杠杆效应受阻，无法反映货币供应量的供求状况；另一方面是因为在大量货币供应量和流动性过剩的环境下，银行为了抵消存款利率上升带来的成本增加，会进一步扩张对房地产行业的贷款，导致更多的资金流入房地产行业，从而进一步抬高房地产价格。

因此，经济中的高货币供应量和高流动性水平是日本房地产泡沫的主要原因。而且，无论是中国还是日本，第二个样本期货币性因素对房地产价格的影响

① 房地产开发企业资金来源中的国内贷款的主要部分是银行贷款。

远远大于第一个样本期，表明金融自由化改革是导致经济中货币供应量上升的制度性原因，这与第三章的分析一致。鉴于 20 世纪 80 年代日本的金融环境与 21 世纪初中国的情况相似性，中国需要警惕这些货币性因素推动房价过度上涨而产生房地产泡沫。

第三篇

房地产价格泡沫篇

第二篇的分析发现随着金融自由化改革，货币供应量、银行信贷等货币数量性因素对房地产价格的上涨有重要的推动作用。这也是日本20世纪80年代房地产泡沫的主要原因之一。那么，中国是否存在房地产泡沫？与日本20世纪80年代的房地产泡沫相比，中国的房价处于一个什么样的水平？这将是本篇需要解决的问题。

第五章　中日房地产价格泡沫的测量与对比

一、引言

中国当前的经济形势吸引了来自世界的关注，因为中国在 2008 年全球经济危机后很好地保持了经济的增长。同时，房地产泡沫也是近年来被广泛担忧的问题，因为这可能把中国经济从“天堂”带到“地狱”。中国是否存在房地产价格泡沫？如果存在，泡沫的程度如何？这是当前中国经济亟待解决的问题。因此，为了探讨以上的问题，本章有必要估计出由经济基本面决定的房地产基本价值。

Wang H. 和 Wang K.（2012）强调，中国是一个比较研究投机性需求与经济基本面对房价影响的理想对象。由于日本在 20 世纪 80 年代经历了房地产泡沫，其经验与教训可以为中国提供参考。本章将估计 20 世纪 80 年代日本县级[①]房地产基础价值和泡沫大小，然后与近十多年的中国部分省级区域和多个城市房地产估计值相比较。尽管有不少文献已经研究了中国泡沫存在与否的问题，但鲜有分区域的研究，现有研究也很少通过中日实证比较分析来测定泡沫大小。

Kindleberger（1987）将泡沫定义为“一种资产或一个范围内资产的价格的不断急剧上涨，且初期价格上涨会带来未来价格上涨预期而吸引更多的购买者——通常为投机者，试图获取资产交易的差价收益而不是关注其使用功能或生产能力”。这个定义表明，在泡沫中，资产价格偏离了其“基础价值”，而且逆向预期会带来资产价格的暴跌。Noguchi（1994）将泡沫定义为超过理论土地价

---

① 日本的行政划分等级依次为：县/都/道/府、市、区、町，所以从行政等级来说，日本的县级对应于中国的省级；而从地域面积来说，日本的县级更接近于中国的市。

值的那部分房价，且发现了东京在 1987 年存在土地价格泡沫。

为了定义泡沫，现有文献试图估计实际资产价格相对于其基础价格的偏离程度。然而，在估计资产基础价值的方法上，现有文献并未达成一致。有些文献将未来租金流的折现价值（Mayer 和 Sinai，2005），或者将持有一个房屋的成本（Hott 和 Monnin，2008）定义房地产基础价格。这种方法的缺陷是，没有一个确定的标准来决定未来净收入和贴现率。而且由于中国缺乏租金数据，应用这种方法比较困难。部分文献采用局部均衡模型来衡量泡沫，如 Clark 和 Coggin（2011）、Abraham 和 Hendershott（1994）等。然而，传统的方法将房屋价值作为每个时期的效用函数有欠考虑（Mayer 和 Sinai，2005），而且也不存在客观选择经济基本变量的方法（Yu，2011）。

另一种方法是运用基本面因素估计资产基础价值，而资产实际价值与基础价值的差值则为泡沫。这个方法近年来被广泛运用，如 Hlaváèek 和 Komárek（2011）、Hui 和 Yue（2006）、Hui 和 Wang（2014）、Mikhed 和 Zemčík（2009）等。运用这个方法，其决定因素比较容易理解，房地产价格泡沫也比较容易估计。尽管一些国家缺乏租金数据和有效的贴现率（如中国），这个方法还是能够适用。现有文献主要分析泡沫存在与否，只有少部分文献试图衡量中国的泡沫大小（Yu，2011）。与以往研究不同的是，本章提出了一个衡量中国房价泡沫的方法。

在这个方法中，选择基本面因素非常关键，因为这会影响到回归的残差。为了保证精确性，有必要选择一个经历过泡沫的国家作为参考，以测试这个模型的可靠性。鉴于银行主导型金融体系、金融自由化改革、本国货币升值、房价高涨等因素，20 世纪 80 年代日本的情况与近十多年中国的情况最为相似，因此可以将日本作为参考国家。据笔者所知，以往文献尚没有将 20 世纪 80 年代的日本作为参考以测试模型的可靠性。

因为中国领土广阔，每个区域的经济发展水平和特征都不相同。Quigley（2002）指出，由于中国存在区域异质性，所以有必要考虑当地经济因素对房价的影响。显然，运用区域面板数据将比运用全国数据能使研究更深入。然而，包含区域分析的大部分研究采用的都是省级数据，如 Sun 和 Zhang（2008），Hasan、Wachtel 和 Zhou（2009），Shih、Li 和 Qin（2014）。尽管有一些研究用到了中国 35 个主要城市的数据，如 Yu（2011），Ren、Xiong 和 Yuan（2012）等，但他们用未来收入（租金）流估计基础房价时，还是未考虑当地经济的影响。因此，本章将采用 2001 ~ 2014 年的当地经济基本面数据，包括 30 个省级面板数据和 35 个大中城市的面板数据。从省级和城市两层面实证分析经济基本面和房价泡沫，也是本章的创新点之一。

二、文献回顾

尽管有很多文献都研究了中国的房地产泡沫，但各界对于中国是否存在泡沫的问题一直存在争议。引用 Black 等（2006）的随时间变化收入现值框架，Yu（2011）运用面板 VAR 模型和中国 35 个大中城市在 1999 年第一季度至 2010 年第二季度的数据发现，35 个大中城市的房价泡沫很小，但东部大城市如北京、上海和深圳从 2005 年开始出现了较大的泡沫，而且是非理性泡沫。然而，Ren 等（2012）基于其提出的理性预期泡沫理论，采用未来收入（租金）流作为基础房价，运用 1999～2009 年的 35 个大中城市的面板数据，并未发现中国存在房地产价格泡沫。显然，以上两篇文献对中国房价泡沫存在与否持有不同的意见，但他们都没能考虑当地经济基本面因素。

Hui 和 Wang（2014）运用 1998～2010 年的季度时间序列研究了上海和北京的情况。他们引入了城市居民人均可支配收入和销售面积作为需求方的基本面因素，将商品住宅开发投资和贷款利率作为供给方的基本面因素。他们将向量误差修正模型（VECMs）中的在 90% 置信区间的残差异常值检测为一个价格异常，并将其定义为泡沫。最后发现，在北京和上海仅分别发现了 6 个和 3 个异常值，表明房价在大部分时期都是正常的。然而，他们的文章中对于变量的选择也没有一个客观标准的方法。

Shih 等（2014）采用了中国 28 个省份从 2000 年第一季度至 2012 年第四季度的数据，并对房价和收入进行了单位根和协整检验。他们发现大部分省份存在泡沫和支付能力问题。向量误差修正模型（VECMs）、脉冲响应行数和格兰杰因果关系检验发现北部、东部和中南部区域的房价是协整的。北京和上海的房价作为外生变量会影响周边省份的房价。不同区域省际间的溢出效应是前沿研究问题，但将非平稳的房价定义为泡沫还有待探讨。

对于泡沫大小，Hui 和 Yue（2006）比较研究了香港、北京和上海的房价与市场基本面之间的互动。这可以作为研究泡沫大小的典型代表。因为香港在 1997 年经历了房价泡沫，可以作为案例来检验其泡沫大小估计方法的可靠性。他们将新建空置房存量、城市家庭的可支配收入、当地 GDP 和上海的股票价格指数作为经济基本面的代表变量，进行了 PP、JJ、格兰杰因果关系检验以及脉冲响应函数分析。基于其对泡沫的定义——实际房价与模型预测的基础房价之间的差别，他们发现上海在 2003 年有 22% 的房价属于泡沫，而北京并未发现有泡沫。然而，由于回归分析中误差项的存在，实际房地产价格肯定是在模型预测的基础房价左右波动，即实际值与模型预测值之间肯定存在偏差。这部分偏差由回归分析方法导致，所以不应该纳入泡沫范畴。但 Hui 和 Yue（2006）忽略了这一点。因此，本章将在这方面进行改进，在泡沫范畴中不纳入因误差项存在而导致的合理偏差。

既然房地产市场具有显著的区域性，本章将借鉴 Hui 和 Yue（2006）考虑当地经济影响的观点。同时，鉴于现有文献的不足，本章将从以下三个方面进行改进：第一，将 20 世纪 80 年代的日本作为案例来检验模型的可靠性，以克服对基本面变量选择缺乏标准的不足；第二，同时采用中国 35 个大中城市、30 个省（市/区）和日本 47 个县的面板数据，从城市和省级两个层面来比较泡沫大小；第三，将实际房地产价格对于模型估计的房地产基础价格的合理偏差部分，不纳入泡沫范畴。

三、房地产价格泡沫大小的理论测量模型

为了检测房地产价格泡沫的大小，本章引入了一个描述房地产市场上价格决定机制的宏观模型。Quigley（2002）、Hui 和 Yue（2006）及 Hui 和 Wang（2014）都认为，在一个成熟的房地产市场上，房地产价格由其供给和需求决定。即

$$P = H^D, H^S \tag{5-1}$$

其中，P 代表房地产价格，H^D 和 H^S 分别代表房地产需求方和供给方的关键因素组。依据经济理论，房地产需求是房地产价格和经济基本面[①]的函数。经济基本面由名义 GDP（NGDP）和一系列其他的外生变量 X，如人口密度（PD）和贷款利率（LI）等变量代表。NGDP 是经济基本面最具代表性的变量。NGDP 的增长会促进收入进而使房地产需求上涨。房地产不仅是一种消费品，还是一种投资品，NGDP 的增加会导致通货膨胀，刺激人们投资房地产以进行对冲，并最终抬高房地产市场需求和房地产价格。PD 的上升代表该区域人口数量的增长，这就要求有更多的房屋以供居住，进而增加房地产需求，促进房地产价格上涨。LI 的上升代表利率水平的提高，当购房者用银行贷款买房时会增加其融资成本，从

① 依据 Jensen 等（1991）、Thakur（2008）、Thakur 和 Alvayay（2012），经济基本面指某个区域的可预期的经济规模，可以由一系列的关键变量代表，如生产总值、人口和总产出。这里，本章采用名义 GDP（NGDP）作为关键变量，因为它不仅能直接描述经济规模和经济发展水平，而且包含了价格的通货膨胀水平。

而降低房地产需求，促进房地产价格的下降。因此，房地产需求函数可以为：

$$H^D = d(P, NGDP, PD, LI, \cdots) \qquad (5-2)$$

同样地，房地产供给也是房地产价格和经济基本面的函数。这里的经济基本面包括 NGDP 和外生变量 Y，如贷款利率（LI）。NGDP 的增长表示每一单位土地上产出的增加，也就增加了土地的机会成本，因而降低房地产开发企业的房地产供给量。贷款利率的增加则抬高了房地产开发企业的融资成本，进而降低其供给量。所以，房地产的供给函数可以表示为：

$$H^S = s(P, NGDP, LI, \cdots) \qquad (5-3)$$

将式（5-3）和式（5-2）代入式（5-1），然后移项解方程式求出房地产价格，则可以得到房地产价格的函数方程式为式（5-4）：

$$P = f(NGDP, PD, LI, \cdots) \qquad (5-4)$$

然后，将除利率 LI 以外的各变量的对数形式，如房地产价格的对数形式，即 LRP、LNGDP、LPD 与 LI 一起构建房地产价格的个体固定效应面板回归模型，如式（5-5）所示。

$$LRP_{it} = c + \alpha LNGDP_{it} + \beta LPD_{it} + \gamma LI_{it} + \delta_i D_i + u_{it}, \ i = 1, 2, \cdots, N; \ t = 1, 2, \cdots, T \qquad (5-5)$$

其中，i 为地区的序号，总共有 N 个地区。t 为时期的序号，总共有 T 个时期，D_i 为个体虚拟变量当 D_i 的取值属于地区 i 时，其值为 1，否则为 0。其他公式中也一样。

基于 Quigley（2002）的观点——房地产理论均衡价格由当地经济基本面决定，Hui 和 Yue（2006）将实际房地产价格与理论均衡价格的差值估计为泡沫。Hui 和 Wang（2014）指出，将实际价格和模型估计的理论价格的差值作为泡沫不够合理，因为这里面包括随机扰动项，它会出现在每一个以房地产价格为被解释变量、以经济基本面因素为解释变量的回归模型中。

基于 Hui 和 Wang（2014）的研究，本章将残差定义为 $u_{it} = e_{it} + \pi_{it}$。其中，$e_{it}$是房地产价格的合理波动，包括随机扰动项。而$\pi_{it}$则是异常波动，可以定义为异常价格，即价格泡沫或价值低估。e_{it}的范围为 [-b, b]，其中，b 等于回归的标准差，大于 0。因此，如果 u_{it}属于区间 [-b, b]，则说明它在一个理性的范围内波动，房地产价格泡沫不存在；如果 u_{it}不属于区间 [-b, b]，则说明它是异常值，即区域 i 在 t 时期的房地产价格被高估（$u_{it} > b$）或被低估（$u_{it} < b$）了。假设实际房地产价格的对数形式为 LRP，且定义 LRP^* 为回归模型估计的理论基础房地产价格的对数形式，则：

$$u_{it} = LRP_{it} - LRP^*_{it} = e_{it} + \pi_{it} \qquad (5-6)$$

在理论上，泡沫大小（BS）可以表示为：

$$BS=\frac{P-P^*}{P^*}\times 100\% \tag{5-7}$$

其中，P 为实际房地产价格，P^* 为模型估计的房地产价格[①]。

将式（5－5）和式（5－6）代入式（5－7），则房地产泡沫大小可以表示为：

$$BS=\frac{P-P^*}{P^*}\times 100\%=\frac{e^{LRP}-e^{LRP^*}}{e^{LRP^*}}\times 100\%$$

$$=\left(e^{(LRP-LRP^*)}-1\right)\times 100\%=\left(e^{u}-1\right)\times 100 \tag{5-8}$$

其中，如果 $u_{ij}=e_{it}+\pi_{it}\in[-b,b]$，则$\pi_{it}=0$，说明不存在泡沫；如果$u_{it}=e_{it}+\pi_{it}<-b$，则$\pi_{it}<0$，说明房地产价格被低估了；如果 $u_{it}=e_{it}+\pi_{it}>b$，则$\pi_{it}>0$，说明房地产价格被高估了，也就是说存在泡沫。

四、实证检验

（一）数据和模型

这个研究采取了 1980～1999 年日本 47 个县的面板数据。每个县的平均商业土地价格（CP）、平均住宅土地价格（RP）和 NGDP 分别用来代表商业和住宅房地产价格以及本地经济基本面。为了提高检测结果的精确性，本章还引入了其他基本面变量，即来自需求方和供给方的 PD 和 LI。也就是说，将 CP、RP、NGDP 和 PD 的对数形式 LCP、LRP、LNGDP 和 LPD 以及 LI 引入个体固定效应的面板回归模型。所有的数据都来源于日本统计局（http：//www.stat.go.jp/）。

基于式（5－5），建立了模型分别模拟 LCP 和 LRP。当在模型中只引入 LNGDP 代表经济基本面时，模拟 LCP 和 LRP 的模型分别记为基本模型（5－1）和基本模型（5－3）。当将 LPD 和 LI 引入模型中时，模拟 LCP 和 LRP 的模型分别记为模型（5－2）和模型（5－4）。

$LCP_{it}=c+\alpha LNGDP_{it}+\delta_{47}D_{47}+u_{it}$，$i=1, 2, \cdots, 47$；$t=1980, 1981, \cdots, 1999$　　模型（5－1）

$LCP_{it}=c+\alpha LNGDP_{it}+\beta LPD_{it}+\gamma LI_{it}+\delta_{47}D_{47}+u_{it}$，$i=1, 2, \cdots, 47$；$t=$

① 本章中模型估计的房地产价格是由当地经济基本面决定的理论基础价格。本章的模型可靠性已经得到了后续实证分析结果证明，因为其估计结果与 20 世纪 80 年代日本的泡沫现实一致。

1980，1981，…，1999　　模型（5-2）

$LRP_{it} = c + \alpha LNGDP_{it} + \delta_{47} D_{47} + u_{it}$，i=1，2，…，47；t=1980，1981，…，1999　　模型（5-3）

$LRP_{it} = c + \alpha LNGDP_{it} + \beta LPD_{it} + \gamma LI_{it} + \delta_{47} D_{47} + u_{it}$，i=1，2，…，47；t=1980，1981，…，1999　　模型（5-4）

对于中国，本书采用了1994~2014年30个省份（西藏因其数据不稳定而被排除在外）的面板数据，以及2001~2014年的35个大中城市的数据。35个大中城市商品住宅的平均价格（RCP）和商业商品房的平均价格（CCP）也引入对应的模型中。由于20世纪90年代住宅和商业商品房的价格不可得，1994~2014年30个省份的平均商品房价格（CBP）被用来代表整体平均房价水平。根据中国国家统计局的数据，商品房包括住宅、办公楼、商业营业用房和其他。同样地，NGDP作为当地经济基本面的主要代表变量。附加的经济基本面变量有PD和LI。它们的对数形式（LCBP、LRCP、LCCP、LNGDP、LPD）和LI进入个体固定效应的面板回归模型中。所有的数据都来源于CEIC数据库和1995~2015年的各年《中国统计年鉴》。

模型（5-5）和模型（5-6）分别为模拟1994~2014年省级区域的平均商品房价格LCBP的基本模型（当地经济基本面代表变量只有LNGDP）和附加模型（当地经济基本面代表变量有LNGDP、LPD和LI）。模型（5-7）和模型（5-8）分别为模拟中国2001~2014年35个大中城市的住宅商品房平均价格LRCP的基本模型和附加模型。模拟35个大中城市的商业商品房平均价格LCCP的基本模型和附加模型分别记为模型（5-9）和模型（5-10）。

$LCBP_{it} = c + \alpha LNGDP_{it} + \delta_{30} D_{30} + u_{it}$，i=1，2，…，30；t=1994，1995，…，2014　　模型（5-5）

$LCBP_{it} = c + \alpha LNGDP_{it} + \beta LPD_{it} + \gamma LI_{it} + \delta_{30} D_{30} + u_{it}$，i=1，2，…，30；t=1994，1995，…，2014　　模型（5-6）

$LRCP_{it} = c + \alpha LNGDP_{it} + \delta_{35} D_{35} + u_{it}$，i=1，2，…，35；t=2001，2002，…，2014　　模型（5-7）

$LRCP_{it} = c + \alpha LNGDP_{it} + \beta LPD_{it} + \gamma LI_{it} + \delta_{35} D_{35} + u_{it}$，i=1，2，…，35；t=2001，2002，…，2014　　模型（5-8）

$LCCP_{it} = c + \alpha LNGDP_{it} + \delta_{35} D_{35} + u_{it}$，i=1，2，…，35；t=2001，2002，…，2014　　模型（5-9）

$LCCP_{it} = c + \alpha LNGDP_{it} + \beta LPD_{it} + \gamma LI_{it} + \delta_{35} D_{35} + u_{it}$，i=1，2，…，35；t=2001，2002，…，2014　　模型（5-10）

（二）检测结果

以上的模型都是用 EViews6.0 软件进行估计的。表 5－1 总结了日本商业用地和住宅用地价格的面板回归模型的估计结果。

表 5－1　1980～1999 年日本的估计结果

变量	基本模型（5－1）LCP	附加模型（5－2）LCP	基本模型（5－3）LRP	附加模型（5－4）LRP
LNGDP	1.212*** (26.839)	1.737*** (－31.727)	0.732*** (－29.405)	0.734*** (－21.983)
LPD	—	1.712*** (－4.376)	—	2.692*** (－11.285)
LI	—	0.119*** (－21.917)	—	0.037*** (－11.075)
$(C+C_i)\ D_i^{1}$	yes	yes	yes	yes
R^2	0.847	0.932	0.901	0.947

注：①这里只总结了一些关键的系数估计结果。②*** 代表 1% 的显著性水平。③括号中的数据为 t 统计值。

在基本模型（5－1）和基本模型（5－3）中，LNGDP 对 LCP 和 LRP 的系数分别为 1.21① 和 0.73，表明 NGDP 对数每增加 1% 就会导致商业用地价格对数增长 1.21%，住宅用地价格对数增长 0.73%。这些结果表明 NGDP 是解释地价增长的重要因素，但其对商业用地价格的影响大于对住宅用地价格的影响。当引入其他附加基本面变量 LPD 和 LI 时，LNGDP、LPD 和 LI 对 LCP 的系数分别为 1.74、1.71 和 0.12，而对 LRP 的变量分别为 0.73、2.70 和 0.04。可见，这三个变量对地价都有正向影响，这与供求理论一致。也就是说，LNGDP 的增长提高了当地人民收入，LPD 的增加抬高了房地产需求，LI 的升高增加了房地产开发的融资成本。前两者增加了房地产需求，后者则降低了供给，从而促进房地产价格上升。LNGDP 和 LPD 对地价的影响比较大，而 LI 对地价的影响要小很多。LNG-

① 为行文方便，表格中数据在描述时四舍五入，保留至小数点后两位。余表同。

DP 和 LI 对 LCP 的影响大于其对 LRP 的影响，而 LPD 对 LCP 的影响小于其对 LRP 的影响。显然，日本在 20 世纪 80 年代，经济发展水平和利率对商业用地价格的影响大于其对住宅用地价格的影响，而人口密度因素则对住宅用地价格的影响更大。

类似地，30 个省级面板回归基本模型（5－5）和附加模型（5－6），以及 35 个大中城市的基本模型（5－7）、模型（5－9）和附加模型（5－8）、模型（5－10）的估计结果如表 5－2 所示。

表 5－2　中国的估计结果

变量	30 个省（市/区）（1994～2014 年）		35 个大中城市（2001～2014 年）			
	基本模型（5－5）LCBP	附加模型（5－6）LCBP	基本模型（5－7）LRCP	附加模型（5－8）LRCP	基本模型（5－9）LCCP	附加模型（5－10）LCCP
LNGDP	0.628*** (87.209)	0.665*** (－66.029)	0.726*** (－66.476)	0.717*** (－60.852)	0.652*** (－40.983)	0.655*** (－38.105)
LPD	—	－0.044 (－0.472)	—	0.131*** (－2.893)	—	0.154*** (－2.331)
LI	—	0.025*** (－6.705)	—	0.009 (－0.690)	—	－0.032 (－1.614)
$(C+C_i)\ D_i^{1}$	yes	yes	yes	yes	yes	yes
R－square	0.951	0.955	0.944	0.945	0.854	0.857

注：①这里只总结了一些关键的系数估计结果。②＊＊＊代表 1% 的显著性水平。③括号中的数据为 t 统计值。

在省级区域方面，模型（5－5）和模型（5－6）中 LNGDP 对 LCBP 的系数分别为 0.63 和 0.67；在城市水平上，模型（5－7）和模型（5－8）中 LNGDP 对 LRCP 的影响分别为 0.73 和 0.72，而模型（5－9）和模型（5－10）中 LNGDP 对 LCCP 的影响分别为 0.65 和 0.66。这些结果表明当地经济增长对房价有显著正向影响。在城市水平上，LNGDP 对 LRCP 的系数大于其对 LCCP 的系数，表明经济基本面的变动对住宅商品房价格波动的影响大于其对商业商品房价格的影响。在 90% 置信水平上，LPD 对 LCBP 的系数在模型（5－6）中不显著，而在模型（5－8）和模型（5－10）中显著，表明由于省级区域中有大面积的农村区域，人口密度不能在省级水平上解释房价，而在城市水平上对房价有显著正向影响。尽管在模型（5－6）中，LI 的影响是显著的，但数值很小，只有 0.03；而在模型（5－8）和模型（5－10）中，由于利率机制还未市场化，模型（5－8）和模型（5－10）中的利率系数却不显著。

值得注意的是，中国 35 个大中城市水平上，LNGDP 对 LRCB 的系数（0.72～0.73）与日本县级水平上 LNGDP 对 LRP 的系数（0.73）非常接近，说明本章建立的两个国家的模型是比较可靠的。同时，对于中国近十多年和日本 20 世纪 80 年代的情况，LNGDP 的系数都是显著的，表明当地经济发展会带来房地产价格的上升，而且 NGDP 每增长 1% 就会带来中国和日本住宅房地产价格 0.73% 左右的增长。由于 20 世纪 80 年代日本比近十多年中国拥有更高的城镇化水平，日本人口密度对房地产价格的影响大于中国人口密度对房地产价格的影响。

五、房地产价格泡沫的衡量

（一）20 世纪 80 年代日本的泡沫大小估计

基于模型（5－1）的回归结果，依照式（5－8）估计出日本 47 个县的商业地价泡沫，如表 5－3 所示。在表 5－3 中，房地产价格的理性波动（e_{it}）已经按照式（5－6）移除，而只有非理性波动（π_{it}）纳入房地产泡沫中。在 20 世纪 80 年代后半期，日本共有 22 个县出现了泡沫。关东、近畿和中部地区商业地价有着极大的泡沫。在关东地区，1987 年东京的泡沫达到最大值 98.5%，其次是千叶的泡沫在 1990 年达到 82.0%，神奈川的泡沫在 1989 年达到 53.5% 和埼玉县的泡沫在 1991 年达到 35.2%。近畿地区在 1990 年达到最大的泡沫，其中，大阪为 133.2%、奈良为 77.3%、兵库为 66.2%、滋贺为 45.7%。在中部地区，1990 年爱知达到 87.7% 的最大泡沫，其次为静冈达到 31.8% 的泡沫。九州地区和东北地区达到了中等泡沫，分别在 1991 年和 1990 年达到了 47.2% 和 47.0% 的泡沫。中国地区、北海道地区和四国地区经历了相对较小的泡沫，分别在 1991 年、1990 年和 1990 年达到 28.1%、15.9% 和 10.3% 的泡沫。

表 5-3 日本 47 个县商业地价泡沫大小估计

单位：%

年份	北海道	青森	岩手	宫城	秋田	山形	福岛	茨城	枥木	群马	埼玉	千叶	东京	神奈川	新潟	福山
1980	—	—	—	-22.2	—	—	—	—	—	—	—	-0.1	-30.4	-20.6	—	—
1981	—	—	—	-18.5	—	—	—	—	—	—	—	-2.9	-30.1	-19.2	—	—
1982	—	4.8	—	-5.1	0.3	—	—	—	—	—	—	—	-21.5	-14.6	—	—
1983	—	—	5.2	—	14.9	—	—	—	—	—	—	—	-6.1	-1.9	—	—
1984	—	10.3	—	—	11.6	—	—	—	—	—	—	—	—	—	—	—
1985	—	3.5	—	—	8.0	—	—	—	—	—	—	—	—	—	—	—
1986	—	—	—	—	—	—	—	—	—	—	—	-5.2	40.2	—	—	—
1987	—	—	—	—	—	—	—	—	—	—	—	10.9	98.5	22.1	—	—
1988	—	—	—	0.2	—	—	—	—	—	—	35.2	49.9	83.8	52.2	—	—
1989	—	—	—	26.8	—	—	—	—	—	—	34.1	67.5	64.7	53.5	—	—
1990	15.9	—	—	47.0	—	—	—	—	—	4.0	35.1	82.0	58.2	42.9	7.3	—
1991	13.8	—	—	41.0	—	—	—	—	13.1	12.1	35.2	69.8	54.8	38.1	10.8	4.7
1992	—	—	—	28.1	—	—	—	—	6.4	15.5	17.6	37.0	35.4	32.1	7.4	2.9
1993	—	—	—	10.9	—	—	—	—	—	—	—	—	—	—	—	—
1994	—	—	—	—	—	—	—	—	—	—	—	—	—	—	—	—
1995	—	—	—	—	—	—	—	—	—	—	—	—	-0.3	—	—	—
1996	—	—	—	—	-2.9	—	—	—	—	—	-1.0	-7.0	-22.3	—	—	—
1997	-0.1	—	—	—	-4.6	—	—	—	—	—	-16.0	-24.1	-32.1	-7.0	—	—
1998	-9.9	-7.4	—	-10.5	-8.0	—	-4.8	-0.7	—	—	-26.9	-33.8	-34.5	-13.3	-3.7	-1.5
1999	-25.5	-14.4	—	-17.5	-10.4	—	-17.4	-7.7	-1.2	-8.6	-35.5	-44.4	-38.9	-21.3	-14.0	-8.1

续表

年份	石川	福井	山梨	长野	岐阜	静冈	爱知	三重	滋贺	京都	大阪	兵库	奈良	歌山	鸟取	岛根
1980	—	—	—	—	—	—	-28.0	—	—	-23.4	-38.8	—	—	—	—	—
1981	—	—	—	—	—	—	-27.7	—	—	-5.4	-34.7	—	—	—	—	—
1982	—	—	—	—	—	—	-12.9	—	—	—	—	—	—	—	—	—
1983	—	—	—	—	—	—	—	—	—	—	—	—	—	5.1	—	17.7
1984	—	—	—	—	—	—	—	—	—	—	—	—	—	—	—	0.8
1985	—	—	—	—	—	—	—	—	—	—	—	—	—	—	—	1.0
1986	—	—	—	—	—	—	—	—	—	—	—	—	—	—	—	—
1987	—	—	—	—	—	—	—	—	—	—	26.2	—	—	—	—	—
1988	—	—	—	—	—	—	33.3	—	—	11.5	60.1	—	—	—	—	—
1989	—	—	—	—	—	10.5	61.3	—	—	54.4	111.4	35.6	29.2	—	—	—
1990	—	—	14.0	—	—	31.8	87.7	—	45.7	94.7	133.2	66.2	77.3	20.3	—	—
1991	3.9	—	19.5	—	4.4	30.4	72.8	4.0	18.7	61.0	104.4	42.1	72.2	11.7	—	—
1992	3.6	—	—	—	—	19.7	43.7	—	3.2	11.1	50.6	7.4	43.7	—	—	—
1993	—	—	—	—	—	—	8.5	—	—	—	1.1	—	—	—	—	—
1994	—	—	—	—	—	—	—	—	—	—	—	—	—	—	—	—
1995	—	—	—	—	—	—	—	—	—	—	—	-0.4	—	—	—	—
1996	—	—	—	—	—	—	-1.1	—	—	-5.4	-16.5	-14.3	-5.0	-0.8	—	—
1997	—	—	-6.1	—	-0.3	—	-9.5	—	-3.8	-11.5	-24.1	-14.6	-11.9	-6.3	—	—
1998	—	—	-14.5	—	-9.7	-8.4	-19.3	—	-5.4	-17.3	-29.5	-14.9	-14.6	-13.6	—	—
1999	-12.9	-6.0	-24.1	-7.8	-18.9	-19.3	-29.3	—	-12.3	-29.0	-39.0	-20.6	-21.6	-21.4	—	—

续表

年份	冈山	广岛	山口	德岛	香川	爱媛	高知	福冈	佐贺	长崎	熊本	大分	宫崎	鹿儿岛	冲绳县
1980	—	-4.6	—	4.4	—	—	—	-34.9	—	—	—	—	—	—	-3.5
1981	—	-5.0	—	10.7	—	—	—	-25.3	—	—	—	—	—	—	—
1982	—	—	—	15.0	—	—	—	-13.4	—	—	—	—	—	—	—
1983	—	—	—	12.9	—	—	—	—	—	—	—	—	—	—	—
1984	—	—	—	5.7	—	—	—	—	—	—	—	0.4	2.0	—	—
1985	—	—	—	6.6	—	—	—	—	—	—	—	2.5	—	—	—
1986	-4.3	—	—	—	—	—	—	—	—	—	-41.8	—	—	—	—
1987	—	—	—	—	—	—	—	—	—	—	-24.2	—	—	—	—
1988	—	—	—	-4.1	—	—	—	2.6	—	—	—	—	—	—	—
1989	—	—	—	—	—	—	—	12.6	—	—	9.1	—	—	—	—
1990	10.2	17.2	—	—	—	3.1	—	25.2	—	—	21.4	—	—	—	—
1991	28.1	17.5	—	—	10.3	7.9	—	31.3	—	7.0	26.5	—	—	—	47.2
1992	16.8	5.5	—	—	2.9	—	—	22.9	—	5.2	19.0	—	—	—	29.8
1993	—	—	—	—	—	—	—	2.9	—	—	6.8	—	—	—	—
1994	—	—	—	—	—	—	—	—	—	—	—	—	—	—	—
1995	—	—	—	—	—	—	—	—	—	—	—	—	—	—	—
1996	—	—	—	—	—	—	—	—	—	—	—	—	—	—	—
1997	—	—	—	-1.4	-0.4	-0.7	—	—	—	—	—	—	—	—	—
1998	-2.9	—	—	-4.5	-9.8	-7.9	—	—	—	—	—	-1.9	—	-3.7	—
1999	-11.5	-3.0	—	-8.6	-12.8	-12.1	—	-5.7	—	—	-0.8	-7.0	-10.0	-10.5	-3.6

与表5－3采取同样的程序，估算出日本47个县的住宅地价泡沫，如表5－4所示。20世纪80年代，日本的18个县的住宅地价都经历了泡沫，而且主要都聚集到三个地区：以东京为中心的区域、以大阪为中心的区域和以爱知为中心的区域。在以东京为中心的区域中，东京的泡沫最大，在1987年达到80.4%，其次是千叶在1990年达到54.0%，然后是其周边其他县。以大阪为中心的区域也经历了很大的泡沫，其中大阪的泡沫最大，在1990年达到95.4%，京都、奈良、兵库和滋贺分别达到了85.6%、73.0%、44.1%和38.4%。以爱知为中心的区域经历了相对较小的泡沫，其中爱知的泡沫在1991年达到了23.1%。

（二）近十多年中国的泡沫大小估计

基于回归模型（5－5）、模型（5－7）和模型（5－9），根据式（5－8），中国30个省（市/区）和35个大中城市的房价泡沫分别如表5－5、表5－6和表5－7所示。

表5－5表明近十多年来中国有11个省（市/区）的商品房平均价格被高估了，且主要聚集在5个区域。商品房价格被高估的最大区域是海南，在2010年达到了32.8%。其次是东部沿海地区，浙江和上海的商品房价格分别被高估了25.3%和21.8%。第三是东南区域，其中，江西和福建的商品房价格在2013年和2012年分别被高估了24.1%和8.9%。第四是北部地区，北京、山西和河北的商品房价格高估分别在2010年、2014年和2014年达到了9.8%、1.1%和0.9%。西南地区商品房价格有少许高估，2012年四川达到了7.5%。

如表5－6所示，在2007～2014年有15个城市的商业商品房价格存在高估。这些城市主要集中在四个区域。海南岛地区的商品房价格被高估得最严重，其省会海口的商品房价格在2012年被高估了35.9%。第二个区域是沿海地区，其中福州在2013年被高估了28.2%，其次是上海在2011年被高估了14.2%，以及青岛在2012年被高估了10.1%。第三个区域是北部地区，石家庄、济南和太原的商品房价格分别在2009年、2010年和2012年被高估了27.7%、24.7%和23.7%。西北地区的西宁和兰州的商品房价格分别在2013年和2014年被高估了25.9%和9.4%。西南地区的南宁、贵阳和成都，中部地区的南昌和武汉，以及东北地区的哈尔滨，商品房价格有轻微的高估。

表5－7描述了商品住宅平均价格泡沫大小的估计值。2007～2014年，有17个城市经历了价格高估，且主要集中在四个区域。海口商品住宅价格在2010年最高被高估了36.0%。第二个商品住宅价格被高估的区域是东部沿海地区，其中，宁波和杭州在2010年达到了最高27.8%和27.4%的估值，其次为上海和南京的商品住宅价格，在2010年分别被高估了9.8%和9.3%。东南沿海区域

表 5-4　日本 47 个县住宅地价泡沫大小估计

单位：%

年份	北海道	青森	岩手	宫城	秋田	山形	福岛	茨城	栃木	群马	埼玉	千叶	东京	神奈川	新潟	福山
1980	—	—	—	-1.5	—	—	—	-27.0	-18.8	-7.0	-23.5	-23.9	-28.4	-34.9	—	-15.3
1981	—	3.1	—	—	—	—	—	-19.0	-14.1	—	-6.8	-12.6	-20.6	-27.1	—	—
1982	—	12.3	—	—	—	—	—	-4.6	-5.6	—	—	—	-15.2	-16.1	—	—
1983	7.6	22.6	11.2	—	20.6	4.3	4.8	—	—	—	—	—	-9.1	—	1.3	—
1984	4.0	22.0	10.5	—	24.4	—	7.1	—	—	—	—	—	-8.6	—	2.5	—
1985	2.5	16.4	8.3	—	22.4	—	4.9	—	—	—	—	—	-7.1	—	—	—
1986	—	—	—	—	—	—	—	—	—	—	-1.3	-10.7	—	—	—	—
1987	—	—	—	—	—	—	—	—	—	—	—	—	80.4	12.2	—	—
1988	—	—	—	—	—	—	—	—	—	—	12.7	12.2	74.3	27.0	—	—
1989	—	—	—	—	—	—	—	—	—	—	17.3	27.3	59.8	21.9	—	—
1990	—	—	—	2.0	—	—	—	1.4	—	—	27.1	54.0	53.2	22.4	—	—
1991	—	—	—	3.8	—	—	—	8.7	8.4	6.1	22.7	45.7	42.0	17.7	—	—
1992	—	—	—	—	—	—	—	9.2	7.2	6.8	6.4	16.5	13.0	6.6	—	—
1993	—	-2.6	—	—	—	—	—	3.0	—	—	—	—	—	—	—	—
1994	—	-3.1	—	—	—	—	—	—	—	—	—	—	—	—	—	—
1995	—	-2.7	—	—	—	—	—	—	—	—	—	—	-1.4	—	—	—
1996	—	-2.5	—	—	—	—	—	—	—	—	—	—	-9.2	—	—	—
1997	—	—	—	—	—	—	—	—	—	—	—	—	-11.2	—	—	—
1998	—	—	—	—	—	—	—	—	—	—	—	-4.0	-14.1	—	—	—
1999	—	—	—	—	—	—	—	—	—	—	-3.9	-13.8	-20.2	—	—	—

续表

年份	石川	福井	山梨	长野	岐阜	静冈	爱知	三重	滋贺	京都	大阪	兵库	奈良	歌山	鸟取	岛根
1980	—	—	-2.2	—	-9.5	-27.1	-25.9	-15.8	-22.4	-30.9	-32.9	-2.8	-25.2	—	—	—
1981	—	—	—	—	-3.7	-17.1	-15.1	-7.9	-15.5	-24.0	-24.1	—	-17.1	—	—	—
1982	—	—	—	—	—	—	—	—	-8.8	—	-16.3	—	-3.4	1.4	—	2.9
1983	—	—	—	7.8	—	—	—	—	—	—	-2.4	—	—	12.4	9.2	23.7
1984	—	—	—	9.3	—	—	—	—	—	—	-1.2	—	—	12.9	8.6	23.7
1985	—	—	—	6.7	—	—	—	—	—	—	—	—	—	11.7	9.4	18.0
1986	—	—	-8.3	—	—	—	—	—	—	—	—	-2.7	-2.5	—	—	—
1987	—	—	-9.1	—	—	—	—	—	—	—	—	—	-4.9	—	—	—
1988	—	—	-9.6	-2.0	—	—	—	—	—	—	—	—	—	—	—	—
1989	—	—	—	—	—	—	1.2	—	—	19.5	35.4	11.1	14.8	—	—	—
1990	—	—	—	—	—	13.5	22.5	—	38.4	85.6	95.4	44.1	73.0	—	—	—
1991	—	—	3.4	—	3.0	15.3	23.1	—	27.3	52.7	51.7	23.9	42.8	—	—	—
1992	—	—	4.5	—	5.1	9.9	9.0	—	12.1	4.8	12.1	—	16.5	—	—	—
1993	—	—	1.4	—	—	—	—	—	—	—	—	—	—	—	—	—
1994	—	—	—	—	—	—	—	—	—	—	—	—	—	—	—	—
1995	—	—	—	—	—	—	—	—	—	—	—	—	—	—	—	—
1996	—	—	—	—	—	—	—	—	—	—	—	—	—	—	—	—
1997	—	—	—	—	—	—	—	—	—	—	—	—	—	—	—	—
1998	—	—	—	—	—	—	—	—	—	—	—	—	—	—	—	—
1999	—	—	—	—	—	—	—	—	—	—	—	-4.0	—	-5.5	—	—

续表

年份	冈山	广岛	山口	德岛	香川	爱媛	高知	福冈	佐贺	长崎	熊本	大分	宫崎	鹿儿岛	冲绳县
1980	-6.3	—	—	—	—	—	—	-8.4	—	—	—	—	—	—	-23.2
1981	—	—	—	15.4	—	—	2.6	—	—	—	—	—	—	—	-2.6
1982	—	—	—	29.1	—	—	19.2	—	—	4.2	3.1	—	1.6	10.5	—
1983	—	10.7	—	30.5	5.9	5.9	43.2	—	10.7	11.7	20.2	17.9	15.1	22.6	—
1984	—	14.4	—	26.2	—	7.8	40.4	—	14.7	15.7	19.1	20.0	11.3	18.5	—
1985	—	16.1	—	22.2	—	4.6	35.9	—	13.0	12.9	16.3	20.2	9.4	16.0	—
1986	—	—	—	-4.1	—	—	—	—	—	—	-8.8	—	—	—	-3.0
1987	—	—	—	-7.8	—	—	—	—	—	—	-12.3	—	—	—	—
1988	—	—	—	-8.6	—	—	—	—	—	—	-11.8	—	—	—	—
1989	—	—	—	-5.9	—	—	—	—	—	—	—	—	—	—	—
1990	—	—	—	-3.9	—	—	—	—	—	—	—	—	—	—	—
1991	2.6	—	—	—	—	—	—	—	—	—	—	—	—	—	—
1992	—	—	—	—	—	—	—	—	—	—	—	—	—	—	—
1993	—	—	—	—	—	—	—	—	—	—	—	—	—	—	—
1994	—	—	—	—	—	—	-1.3	—	—	—	—	—	—	—	—
1995	—	—	—	—	—	—	-1.5	—	—	—	—	—	—	—	—
1996	—	—	—	—	—	—	-2.1	—	—	—	—	—	—	—	—
1997	—	—	—	—	—	—	—	—	—	—	—	—	—	—	—
1998	—	—	—	—	—	—	—	—	—	—	—	—	—	—	—
1999	—	—	—	—	—	—	—	—	—	—	—	—	—	—	—

表 5－5　中国 30 个省（市/区）的泡沫大小估计

单位：%

年份	北京	天津	河北	山西	内蒙古	辽宁	吉林	黑龙江	上海	江苏	浙江	安徽	福建	江西	山东
1994	10.9	1.7	—	0.2	22.7	—	29.0	25.0	-7.1	—	-11.5	—	9.2	-0.9	—
1995	—	—	—	—	29.3	—	—	0.2	-0.5	—	-13.3	—	—	—	1.2
1996	5.9	7.7	—	—	3.6	—	12.3	—	—	—	-14.3	-1.4	—	—	—
1997	26.5	—	2.9	—	7.2	—	—	—	-1.1	—	-6.1	—	—	—	—
1998	—	—	—	—	—	—	—	—	—	—	-3.5	-2.1	—	-8.6	—
1999	—	—	—	—	—	—	—	—	-5.2	—	-2.7	—	—	-3.9	—
2000	—	—	—	—	—	—	—	—	-9.0	—	-7.9	—	—	—	—
2001	-1.9	—	—	—	—	—	—	—	-6.6	—	-9.8	-7.2	-7.5	—	—
2002	-16.0	-0.4	—	—	—	—	—	—	-6.1	—	-4.4	-2.3	-6.7	—	—
2003	-24.0	-1—	-3.2	—	—	—	—	—	—	—	-2.9	—	-7.0	—	—
2004	-25.1	—	-6.1	—	-0.1	—	—	—	—	—	-1.6	—	-4.4	—	—
2005	-11.5	—	-2.3	—	—	—	—	—	—	—	—	—	—	—	—
2006	-1.8	—	—	—	-3.9	—	-0.4	-0.8	—	—	—	—	—	—	—
2007	—	—	—	—	—	—	-0.1	—	—	—	0.1	—	—	—	—
2008	—	—	—	-3.3	-6.3	—	-3.8	—	—	—	—	—	—	—	—
2009	—	—	—	—	—	—	—	—	17.5	—	19.2	—	—	—	—
2010	9.8	—	—	—	—	—	—	—	21.8	—	25.3	6.8	—	—	—
2011	—	—	—	—	—	—	—	—	14.7	—	20.9	6.1	5.1	12.7	—
2012	—	—	—	—	—	—	—	—	7.0	—	25.3	—	8.9	21.1	—
2013	—	—	—	—	—	—	—	—	19.0	—	23.1	—	6.8	24.1	—
2014	—	—	0.9	1.1	—	—	—	—	15.9	—	13.0	—	1.5	19.4	—

续表

年份	河南	湖北	湖南	广东	广西	海南	重庆	四川	贵州	云南	陕西	甘肃	青海	宁夏	新疆
1994	—	—	3.0	24.7	—	28.4	—	-8.8	—	5.8	20.9	—	-23.2	10.6	21.0
1995	-43.2	—	—	22.3	—	2.6	—	—	—	—	26.8	28.7	7.9	—	11.6
1996	—	—	—	25.1	—	—	—	—	—	—	—	0.8	—	—	15.1
1997	—	—	—	26.6	—	—	—	—	—	—	0.8	—	5.8	6.9	—
1998	—	0.6	—	6.2	—	-11.1	—	—	3.0	—	—	—	4.0	—	—
1999	—	—	—	—	—	-6.9	—	—	—	—	-5.0	—	14.0	0.5	—
2000	—	—	—	—	—	-3.7	—	—	—	—	—	—	—	—	—
2001	—	—	—	—	6.0	-12.5	—	—	—	1.3	—	—	—	—	—
2002	—	—	—	—	4.3	-23.3	—	—	—	—	—	—	—	6.9	—
2003	—	-2.3	—	-9.6	—	-15.5	—	-2.5	—	—	—	-3.9	—	—	—
2004	—	—	—	-4.5	—	-14.9	—	-2.4	—	—	—	—	—	—	—
2005	—	—	—	—	—	—	—	—	—	—	—	—	—	—	-1.9
2006	—	—	—	-0.8	—	—	—	—	—	—	—	-1.2	—	—	-8.2
2007	—	—	—	—	—	—	—	—	—	—	—	—	—	-5.1	-6.1
2008	—	—	—	-0.7	—	1.0	—	—	—	—	—	-11.6	—	-8.7	-9.3
2009	—	—	—	—	—	9.4	—	—	—	—	—	—	—	—	—
2010	—	—	—	—	—	32.8	—	0.4	—	—	—	—	—	—	—
2011	—	—	—	—	—	20.0	—	5.2	—	—	—	—	—	-1.4	—
2012	—	—	—	—	—	—	—	7.5	—	—	—	—	—	-2.5	—
2013	0.4	—	—	—	—	0.6	—	1.9	—	—	—	—	—	-1.7	—
2014	—	—	—	—	—	1.6	—	—	—	—	—	—	—	-8.2	—

表 5－6　中国 35 个大中城市商业商品房价格的泡沫大小估计

单位：%

年份	北京	天津	石家庄	太原	呼和浩特	沈阳	长春	哈尔滨	上海	南京	杭州	合肥	福州	南昌	济南	郑州	武汉	长沙
2001	—	—	—	-7.2	24.4	—	—	—	—	—	—	—	-23.1	-11.1	-12.7	—	-7.4	—
2002	—	—	10.1	—	9.9	—	15.9	—	—	-1.5	—	—	—	—	-40.2	0.2	-38.4	-5.4
2003	—	—	-22.5	—	—	—	—	—	—	—	—	—	-22.9	—	-13.2	—	-14.6	—
2004	-9.1	—	-38.8	—	—	—	—	—	—	—	—	—	-11.0	-7.9	1.6	—	—	—
2005	—	-2.9	—	—	19.2	—	—	—	—	—	—	—	—	—	—	—	—	—
2006	—	—	—	—	—	—	—	—	-12.2	—	—	—	2.8	—	—	—	12.5	—
2007	—	—	—	—	—	—	—	—	-19.6	—	—	—	—	—	-9.4	—	1.9	—
2008	—	—	-44.5	-7.8	—	—	—	—	-25.6	—	—	—	—	3.0	—	—	—	-7.1
2009	—	—	27.7	—	—	—	—	—	4.5	—	—	—	—	—	11.9	—	5.6	—
2010	—	—	14.8	—	—	—	—	—	—	—	—	—	—	—	24.7	—	—	—
2011	—	—	13.1	-6.4	—	—	—	1.8	14.2	—	—	—	10.7	1.7	—	—	4.2	—
2012	—	—	—	23.7	—	—	—	—	—	—	—	—	—	—	2.5	—	—	—
2013	—	—	8.3	3.8	—	—	—	—	3.8	—	—	-5.4	28.2	3.7	—	—	—	—
2014	—	—	—	3.4	-10.4	—	—	—	12.6	—	—	-19.4	—	—	—	-0.1	—	—

续表

年份	南宁	海口	重庆	成都	贵阳	昆明	西安	兰州	西宁	银川	乌鲁木齐	大连	青岛	宁波	厦门	深圳	广州
2001	14.5	—	—	—	-2.7	—	—	—	—	47.8	33.7	—	—	-6.2	-13.8	—	—
2002	2	37.8	—	—	—	3.8	-15.5	—	7.7	25.3	48.7	—	-1.7	—	—	1.6	—
2003	—	30.1	—	—	—	—	—	2.8	—	22.3	36.5	—	—	—	-5.6	—	—
2004	16.2	-33.2	—	—	-11.4	-3.3	—	—	—	36.9	—	—	—	—	—	—	—
2005	—	—	—	—	5.0	—	6.0	—	—	22.2	35.9	—	—	—	4.2	—	—
2006	—	—	—	—	—	2.2	13.5	—	-12.2	—	-12.8	—	—	—	—	—	—
2007	-11.3	—	—	—	1.7	—	—	-13.5	—	-3.5	-11.7	1.4	—	—	—	—	-3.5
2008	—	—	—	—	7.2	—	—	—	—	-0.4	-19.2	—	—	—	—	-25.7	—
2009	-3.6	—	—	—	—	—	—	-3.1	-1.5	—	-10.7	—	—	—	—	—	—
2010	—	—	—	—	—	—	—	—	-1.6	-18.5	-13.9	—	—	—	—	—	—
2011	-11.7	—	—	—	—	—	—	—	—	-17.4	—	—	—	—	—	—	—
2012	—	35.9	—	0.5	—	—	—	—	—	-5.2	—	—	10.1	—	—	—	—
2013	7.6	—	—	—	—	-5.2	—	—	25.9	-8.3	—	—	2.3	—	—	—	—
2014	—	—	—	—	-3.9	—	—	9.4	—	-9.7	—	—	—	—	—	—	—

表 5－7　中国 35 个大中城市商品住宅价格的泡沫大小估计

单位：%

年份	北京	天津	石家庄	太原	呼和浩特	沈阳	长春	哈尔滨	上海	南京	杭州	合肥	福州	南昌	济南	郑州	武汉	长沙
2001	—	—	8.2	—	46.1	15.8	4.2	—	-9.0	—	-15.9	6.2	-16.4	—	—	8.0	—	18.4
2002	-1.6	—	—	—	—	5.6	—	—	-7.1	—	-6.6	2.9	-22.7	—	—	1.2	—	3.9
2003	-11.9	—	—	—	—	1.3	—	—	—	—	-5.2	6.9	-22.9	—	—	—	—	2.1
2004	-14.1	—	-11.8	—	—	—	—	—	—	—	-11.7	11.5	-21.2	—	—	—	—	—
2005	-4.2	—	-3.6	—	-7.5	—	—	—	—	—	—	—	-1.2	—	—	—	—	—
2006	—	—	—	—	—	—	—	-0.2	—	—	—	—	—	—	—	—	—	—
2007	—	2.4	—	—	—	—	—	—	—	—	—	—	—	—	—	—	6.7	—
2008	—	—	—	-4.3	-0.4	—	—	—	-1.8	-3.7	—	—	—	—	—	—	—	—
2009	0.8	—	—	—	—	—	—	—	4.6	—	6.2	—	3.7	—	—	—	—	—
2010	17.2	—	—	15.6	—	—	1.3	1.2	9.8	9.3	27.4	—	11.2	—	—	—	—	—
2011	—	—	—	—	—	—	3.8	—	—	—	1.0	—	18.4	—	—	-0.1	—	—
2012	—	—	—	—	—	—	—	—	—	—	—	-6.8	20.9	—	—	—	—	—
2013	—	—	—	—	—	—	—	—	4.6	—	2.6	-9.4	6.9	—	—	—	—	—
2014	—	-0.2	1.7	—	—	-0.1	—	—	0.2	—	—	-4.1	—	—	—	—	—	-9.4

续表

年份	南宁	海口	重庆	成都	贵阳	昆明	西安	兰州	西宁	银川	乌鲁木齐	大连	青岛	宁波	厦门	深圳	广州
2001	4.1	—	—	-1.2	—	9.4	—	—	10.4	38.3	8.4	—	—	-24.8	-17.0	—	—
2002	2.3	—	—	-1.8	—	—	—	-1.2	2.1	42.4	2.7	—	—	-13.7	-24.5	-2.2	—
2003	—	-8.6	—	-2.9	—	—	—	—	3.3	15.9	—	—	—	-18.1	-20.2	-6.2	—
2004	—	-5.4	—	—	—	—	—	—	—	12.6	—	—	—	-14.9	-12.4	-9.1	—
2005	—	-4.4	—	—	—	—	—	—	—	—	—	—	—	—	—	-10.3	—
2006	—	-9.8	—	—	—	—	—	—	—	—	—	—	—	—	—	—	—
2007	—	—	—	3.3	—	—	—	—	—	—	—	—	—	—	9.5	—	—
2008	—	—	—	4.6	—	—	—	—	—	0.1	—	—	—	—	0.9	—	—
2009	—	4.0	—	—	—	—	—	—	—	—	—	—	—	12.8	—	—	—
2010	—	36.0	—	—	4.7	-5.3	—	—	—	—	—	—	—	27.8	6.9	10.4	—
2011	—	—	—	—	—	—	—	—	-4.0	-4.3	—	—	—	10.0	6.4	7.3	—
2012	—	—	—	—	—	—	—	—	—	-9.9	—	—	—	4.5	—	—	—
2013	—	—	—	—	-3.6	—	—	—	—	-10.4	—	—	—	—	1.7	1.0	—
2014	-1.7	—	—	—	-7.5	—	-0.1	—	—	-22.8	—	—	—	—	17.2	—	—

的福州和厦门商品住宅价格分别在2012年和2014年被高估了20.9%和17.2%，深圳则在2010年被高估了10.4%。第四个区域是北部地区，北京商品住宅价格在2010年被高估了17.2%，太原在2010年被高估了15.6%，天津在2007年被高估了2.4%，石家庄在2014年被高估了1.7%。另外，中部地区的武汉、西南地区的成都和贵阳，以及东北地区的长春和哈尔滨的商品住宅价格都经历了轻微的高估。

综上所述，30个省级和35个大中城市的数据都表明，中国有一小部分区域的商品房价格经历了部分价格高估，主要集中在海南区域、东部沿海区域和东南区域。但商品房价格整体高估水平并不是很高，只有个别省市的价格高估在30%～36.0%，绝大部分省市的房价高估都在30%以下，且10%以下、10%～20%及20%～30%的价格高估省市各占1/3左右。

（三）中国和日本泡沫的比较

基于以上的分析结果，将近十年来中国和20世纪80年代日本的房地产泡沫估计数据进行对比，可以发现，中国房地产价格的高估程度远小于20世纪80年代日本的房地产泡沫水平。日本出现地产价格泡沫的县，泡沫程度大多在40%以上，而且中心城市的泡沫都大于80%，甚至超过133.2%。而近十多年中国的房地产价格高估程度最高的省（市/区）也才达到36.0%，绝大部分在30%以下，甚至很多在20%和10%以下。所以，为了能更好地理解中国和日本的异同，本章进一步比较日本和中国在全国水平上，及中国35个大中城市水平上的长期时间序列数据。

图5－1描述了1970～1999年，日本全国商业用地指数的对数（LCPN）对全国名义GDP对数（LNGDPN）的回归分析结果。商业地价指数在1974年第一次达到一个峰值，在1975年向下波动后，地价又开始上涨。从1987年开始，地价开始加速增长，并且在1991年第二次达到峰值。在这之后，地价泡沫就破灭了。地价的高估程度在1974年第一次达到峰值3.2%，然后在1991年第二次达到峰值15.5%。1974年的日本地价高估随着经济的增长而慢慢消失了，而不是像1991年那样突然破灭。

图5－2描述了1999～2014年中国35个大中城市商品房平均价格对数（LCBP35）对经济增长对数（LNGDP35）的回归结果。图5－3则展示了1994～2014年全国商品房平均价格对数（LCBPN）对经济增长对数（LNGDPN）的回归分析结果。35个大中城市的平均商品房价格在1999年被高估了3.9%，而在2009年只被高估了2.0%。图5－3表明，全国商品房价格的高估程度在1997年为1.9%，而在2009年降低到了1.1%。与日本相比，这些结果都表明近十多年中

国房地产价格高估程度比20世纪80年代日本的程度要小很多，而且中国房价这种小幅高估程度与20世纪70年代日本的情况更为相似。可见，近十多年中国房价的过度增长没有达到20世纪80年代日本房地产价格泡沫的严重程度，调控得当则可以像日本在20世纪70年代那样随着经济增长实现房地产价格的软着陆。

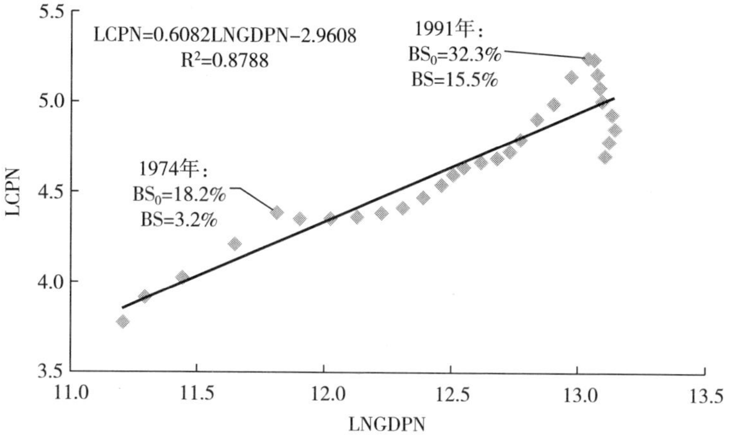

图5－1　1970～1999年LCPN对LNGDPN的回归分析结果

注：泡沫大小是根据式（5－8）计算出来的。BS_0是指未移除地价理性波动部分（e_{it}）的泡沫大小，BS是指移除了地价理性波动部分（e_{it}）后的泡沫大小。

数据来源：日本统计局。

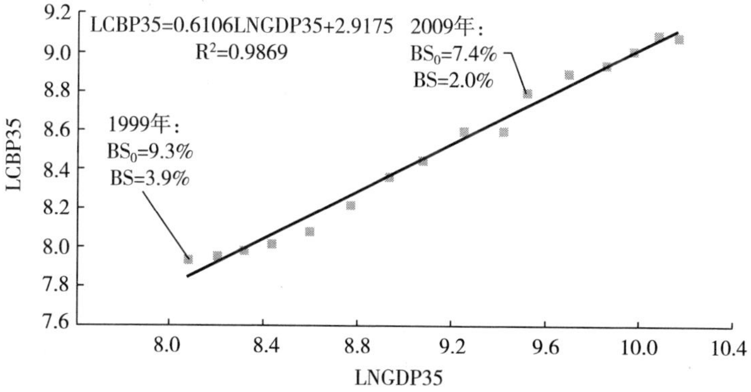

图5－2　1999～2014年中国35个大中城市的LCBP35对LNGDP35的回归分析结果

注：泡沫大小是根据式（5－8）计算出来的。BS_0是指未移除地价理性波动部分（e_{it}）的泡沫大小，BS是指移除了地价理性波动部分（e_{it}）后的泡沫大小。

数据来源：CEIC数据库。

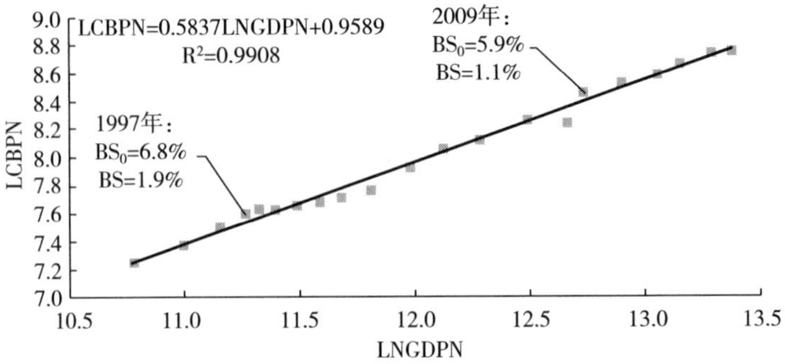

图 5－3　1994～2014 年中国 LCBPN 对 LNGDPN 的回归分析结果

注：泡沫大小是根据式（5－8）计算出来的。BS_0 是指未移除地价理性波动部分（e_{it}）的泡沫大小，BS 是指移除了地价理性波动部分（e_{it}）后的泡沫大小。

数据来源：各年《中国统计年鉴》。

不少人质疑房价和收入之间的巨大差异是中国房地产价格存在严重泡沫的证明。因此，本章进一步计算了日本东京和大阪的房价/收入比值以及中国北京和上海的房价/收入比值进行比较。

表 5－8 呈现了 1975～1999 年东京和大阪的房价/收入比值。二者分别在 1.3～1.7 和 0.9～1.1 之间波动，但由于房地产价格泡沫的出现，房价/收入比值从 1987 年开始急剧上升，东京和大阪分别在 1990 年和 1991 年达到 3.0 和 2.2 的峰值。

表 5－8　日本东京和大阪的公寓平均价格（日元/平方米）/月度人均工资收入（日元）

年份	1975	1976	1977	1978	1979	1980	1981	1982	1983	1984	1985	1986	1987
东京	1.7	1.4	1.4	1.3	1.4	1.5	1.5	1.5	1.4	1.3	1.3	1.3	1.9
大阪	1.0	0.9	0.9	0.9	0.9	1.0	1.0	1.0	1.0	0.9	0.9	0.9	0.9
年份	1988	1989	1990	1991	1992	1993	1994	1995	1996	1997	1998	1999	
东京	2.5	2.9	3	2.9	2.3	1.8	1.7	1.4	1.4	1.3	1.3	1.4	
大阪	1.2	1.6	2.1	2.2	1.6	1.4	1.3	1.2	1.1	1.1	1.1	1.1	

数据来源：日本统计局。

表 5－9 描述了北京和上海在 2001～2014 年的房价/收入比值。可以看出，二者分别在 2.2～3.2 以及 1.8～2.6 之间波动。在中国这两个城市中，都没有出现房价/收入比值的急剧上涨，表明从房价收入比这个角度也无法证明房地产价格严重泡沫的存在。因为在大部分日本家庭中只有丈夫拥有一份正式长期的工

作，但在大部分的中国家庭中夫妻双方都有工作，所以中国城市的房价/收入的绝对值高于日本城市的房价/收入也属正常。

表5-9　中国北京和上海的商品房平均价格（元/平方米）/月度人均工资收入（元）

年份	2001	2002	2003	2004	2005	2006	2007	2008	2009	2010	2011	2012	2013	2014
北京	3.2	2.6	2.2	2.2	2.4	2.6	3.0	2.6	2.8	3.2	2.6	2.4	2.4	2.2
上海	2.2	2.0	2.2	2.6	2.4	2.2	2.2	1.8	2.4	2.4	2.2	2.2	2.2	2.0

数据来源：各年《中国统计年鉴》。

综上所述，尽管中国一部分省市出现了房价高估的现象，但是并没有日本20世纪80年代房地产价格泡沫那般严重。如果调控得当，中国这种相对较小的房价高估能够像日本20世纪70年代那样通过经济增长而降低，而不会像1991年的日本泡沫那样突然崩溃。然而，中国城市比日本县的面积要宽广得多，且含有广阔的郊区，本章所采用的平均房价会被郊区稀释。例如，北京的面积是东京的五倍，而北京郊区面积比市中心面积大。因此，市中心的实际房价要比本章所采用的平均房价数据高得多，表明市中心的实际房价泡沫也比本章估计的结果要高。另外，我们采用的最新数据截至2014年之前，所以无法表明2014年之后的情况。尽管中国房地产市场在2014年降温了不少，但中国应该警惕房价的进一步上涨，防止演变成像日本20世纪80年代那样的房地产泡沫。所以，政府当局应该保持高速的经济增长速度，以降低现有房价高估，缓慢降低中心城市房价的增长，实现其软着陆。

六、结论

基于以上由经济基本面决定的理论基础价格，本章运用面板数据回归分析方法估计出了房地产价格泡沫的大小。运用这个模型估计的1980～1999年日本47个县的房地产价格泡沫与日本的实际经历一致，证明了该模型的可靠性。然后，运用中国1994～2014年的30个省（市/区）面板数据及2001～2014年的35个大中城市面板数据，本章估计了各地区的房地产价格泡沫大小。主要的研究结论如下：

第一，20世纪80年代的日本经历了商业房地产价格泡沫。在关东、近畿和中部地区都经历了严重的泡沫，而九州和东北地区经历了中等大小的泡沫。中国和北海道地区的泡沫相对较小，特别是四国地区的泡沫相对最小。东京、大阪和京都的地价泡沫在 1987 年、1990 年和 1990 年分别达到了 98.5%、133.2% 和 94.7% 的水平。

第二，日本 18 个县在 20 世纪 80 年代经历了显著的住宅用地价格泡沫。这些县主要集中在三个区域：以东京为中心的区域、以大阪为中心的区域和以爱知为中心的区域。前两个区域的泡沫比最后一个区域的泡沫大得多。东京在 1987 年达到最大泡沫值 80.4%，大阪在 1990 年达到 95.4%，爱知在 1991 年达到 23.1%。可见，日本在 20 世纪 80 年代经历了非常严重的商业用地和住宅用地价格泡沫，模型结果与日本的现实情况一致，证明了本章所运用模型的可靠性。

第三，2007～2014 年，中国 30 个省（市/区）中的 10 个省份经历了商品房价格高估，且分别有 15 个省和 17 个省经历了商业商品房和商品住宅价格高估。其主要集中在四个区域：①海南省，海口的商业商品房和商品住宅价格在 2010 年均被高估了 36.0% 左右；②中部沿海区域，宁波、杭州、上海和南京的商品住宅价格在 2010 年分别被高估了 27.8%、27.4%、9.8% 和 9.3%；③东南地区，以福州、厦门和深圳为中心，商品住宅价格分别被高估了 20.9%、17.2% 和 10.4%；④北部地区，以北京为中心，其住宅商品房价格在 2010 年被高估了 17.2%。另外，西南地区和东北地区经历了轻微的商品房价格高估。

第四，中国近十多年的房价高估程度远小于 20 世纪 80 年代的日本，反而与日本 20 世纪 70 年代的房地产价格高估情况类似。尽管中国在部分地区经历了房价高估，但不如日本泡沫的情况严重。为了使中国房地产价格实现软着陆，中国当局应与 20 世纪 70 年代的日本一样保持经济增长，并采取适当的调控政策，慢慢降低中心城市的房价增长。

第四篇

房地产价格波动与金融风险篇

第三篇测量我国房地产价格被高估的程度与日本 20 世纪 80 年代的泡沫幅度进行了对比发现，虽然我国房价被高估幅度远小于日本 20 世纪 80 年代的房地产泡沫水平，但需警惕房地产价格的进一步上涨及其带来的金融风险。本篇将进一步分析我国房地产市场的特殊性，研究各个部门参与下房地产金融风险的形成机理，并以江苏省为例分析了房地产引致的金融风险在城市间及部门间的传染效应，以及中国 30 个省份房地产金融风险的空间传染效应和特征。

第六章　地方政府引导的投资驱动型房地产市场

前面几章对比分析了中国近十多年和日本20世纪80年代的房地产市场，发现了二者的异同点。但跟其他国家相比，中国的房地产市场存在不少独特之处。其中，最典型的就是土地所有权国有制度，这使地方政府也成为房地产市场的参与者之一。那么，地方政府等各部门在我国房地产市场中各自发挥着什么作用呢？本章将就此问题进行深入分析。

一、引言

自1998年中国住房商业化改革以来，投入房地产的资金就越来越多。特别是从2003年以来，房地产开发企业的投资完成额从1998年的3614亿元增长到2003年的10153亿元，在2012年甚至增长到了71804亿元①。房地产开发企业（房地产市场的供给者）、个人或机构（需求者）都增加了对房地产②的投资。随着城镇化的发展，人们都预期房地产需求和房地产价格会急剧增长。因而在中国缺乏投资品的情况下，房地产成为一个理想的投资品。需求者有越来越多的资金流入房地产以获取价格上升后的差价收益，其中温州购房团就是一个典型的例子。对房地产的过度投资，特别是投机需求，会引起房地产市场过热，刺激房价急剧上涨，从而易引发如其他国家经历过的房地产价格泡沫。

尽管日本和美国在泡沫时期都出现了对房地产的过度投资，但中国房地产市场与其他国家不一样，有着自己的特殊性。最典型的一个特征就是土地国有制度，地方政府通过对土地征收和开发权的控制垄断了土地一级供给市场（Liu

① 数据来源：《中国统计年鉴》（2004年、2013年）。

② 本章中，房地产指土地和土地上的建筑物。因此，房地产投资是指投入土地及建筑物上的资金。

等，2008；Lai，2008）。尽管很多研究已经讨论了地方政府在土地使用权出让上的重要作用，但绝大部分都未能清晰地区分地方政府的“土地财政收入”和“土地金融”及两者的联系，且主要限于描述性分析。除了土地国有体制外，其他的特点也促进了大量资金流入房地产。Cary（2011）指出，中国分税制财政体系、银行结构不合理、缺少投资机会和土地利用体系，都导致了中国经济的过热发展。Zhang 和 Sun（2006）认为，房地产存在房地产信用风险、政府担保和到期贷款失调等问题，建议加速银行改革、鼓励地方政府的理性行为并加强国外资金流入、流出房地产行业的监管。可见，除了地方政府外，银行部门、私人部门（个人）和外国部门的作用都不能忽略。银行部门给地方政府、房地产开发企业和个人提供贷款，而来自私人部门和外国部门的资金都在寻求对房地产的投机机会。Su 和 Tao（2011）认为，地方政府、房地产开发商、银行通过金融链连接在一起，共同推动城市的扩张。尽管有一些文献讨论了银行信贷和外资对中国房价的影响，但这些资金如何投入房地产的过程还尚待深入解析，而且私人资金对房价的影响也很少被实证研究。所以，在这个复杂且特殊的情况下，资金如何被投入房地产及投入的数量，以及地方政府和其他参与者在这个过程中的不同作用，都值得进一步研究。

一旦房价下跌，地方政府就会被卷入严重的债务危机中，房地产开发企业及没提前退出的私人和外国部门也会面临巨大的损失。中国目前的情况与日本 20 世纪 80 年代的开发主义比较相似，是充满风险和不可持续的。因此，本章将致力于解决以下这些问题：资金是如何投入房地产的？投入了多少？不同经济参与者，特别是地方政府在这个过程中的作用是什么，以及他们对房价的影响如何？通过研究这些问题，本章试图解析对房地产的不同投资形式，测试不同参与者对房价的作用，从而为房价调控政策的制定提供有参考价值的建议。如 Wang H. 和 Wang K.（2012）所强调的，中国提供了一个研究投机需求和基本面对房价影响的理想实验室。

二、文献回顾

（一）货币及房价的短期波动

宏观经济对房价波动的重要影响已经得到了许多研究的证实，如 Goetzmann、Case 和 Rouwenhorst（1999）、Gilchrist 和 Leahy（2002）、Adams 和 Füss（2010）、

Beltratti 和 Morana（2010）、Bouchouicha 和 Ftiti（2012）。许多文献发现房地产市场与货币政策之间有着紧密的关系，如 Sims（1992），Carlino 和 DeFina（1998），Bruneau 和 De Bandt（2003），Yang 等（2010），Bjørnland 和 Jacobsen（2010）、Musso、Neri 和 Stracca（2011）。

近年来，货币供应量对房价的影响受到了不少研究者的关注。采用 1970～2006 年的季度数据，Goodhart 和 Hofmann（2008）运用固定效应的面板回归模型检测了 17 个工业化国家的货币、信用、房价和经济活动之间的关系。他们发现，房价、货币性变量和宏观经济之间存在显著的多方向关系，且房价与货币性因素之间的关系在 1985～2006 年比之前的时期更强烈。Beltratti 和 Morana（2010）研究了 G－7 区域一般宏观经济环境和房地产市场之间的关系。他们认为宏观经济变量，如利率和货币总量对房价有重要影响。Yu 和 Lee（2010）研究了韩国的情况发现，货币供应量与其他变量都对房价波动有显著影响。这些研究都证明了货币供应量对房价有显著作用。

基于 VAR 模型，Lastrapes（2002）发现，美国货币供应量冲击对房价和房屋销售量有显著正向影响。Jin 和 Zeng（2004）发展了一个三部门数量动态随机一般均衡模型，用以检测房地产经营周期与住房投资和房价之间的关系。他们发现，货币政策和名义利率对房价有重要影响，货币冲击对住房投资和房价波动有显著作用。以上文献都得到了货币供应量通过影响房地产投资或需求，进而对房价有重要影响的结论，即货币供应量的增长会增加房地产投资进而提高房地产需求量，最终带来房价的上升。

（二）中国的情况

近年来，中国的房价飙升已经受到不少研究者的关注。采用 1999～2010 年的季度数据，Yu（2011）的实证分析发现，东部大都市如北京、上海、深圳、杭州和宁波的泡沫从 2005 年开始比较大，价格投机导致了大比例非理性泡沫的产生。Setser（2006）指出，近年来，中国的投资热潮与 20 世纪 80 年代亚洲“四小龙”的情况相似，其标志为银行信贷对私人部门的扩张、房地产热潮、银行监管不严和大型银行主导的金融体系。

许多研究发现货币增长是房价上涨的主要原因。采用 1998 年第一季度至 2009 年第四季度的数据，Xu 和 Chen（2012）认为，中国货币政策是推动房地产价格上涨的驱动力量。运用 1998～2010 年的季度数据，Zhang（2013）认为，近年来中国房地产市场过热是由货币过度增长所引起的，且主导了中国的通货膨胀水平。Zhang 和 Pang（2008）认为，由中国外汇购买导致的流动性过剩促进了房地产市场的过热。Guo 和 Li（2011）根据不对称成本和过度流动性供给融合到模型发现，中央银行利用宽松流动性刺激经济增长，促进了房地产价格的上涨。运用2004～2005年中国28个省份的月度数据，Sun和Zhang（2008）认为，虽然各省经济发展水平有差异，但银行部门的私有储蓄增长作为货币流动性剩余的代表变量，刺激了房地产泡沫。Tan和Wu（2014）基于VAR模型，比较了中国和美国的房地产市场，发现中国房地产市场对货币供应量冲击的响应大于美国房地产市场。运用1975～2009年的中国台湾数据，Chen等（2012）认为，货币供应量是分析房价波动是否由真实需求和投资需求推动的关键变量。他们指出，过去40年，亚洲多个地区存在贸易顺差和资本流入。在这些过热的经济体中，房价由投机需求被推动，因而政策制定者应该发展保持整体经济稳定的政策而不只是专注于房地产市场。基于VAR模型，Liu（2013）发现，货币供应量对房价有正向响应，并且在2003～2011年的影响大于2003年之前。可见，以往研究都发现中国货币供应量对房价的飙升有重要的积极作用，然而，这些资金如何流入房地产，以及不同参与者在此过程中的作用特别是地方政府的作用，还有待进一步分析。这也是本章研究的立足点。

三、地方政府引导的房地产投资

（一）地方政府

在中国，城市土地所有权属于国家，而农村土地所有权属于农民集体。根据1998年颁布的《土地管理法》，政府为了“公共利益”可以依法征收农村的土地。但对于“公共利益”，并没有清晰的定义，所以土地征收的法定范围也自然得到扩展。所有用来进行城市基础发展或工业、商业和住宅建设项目的用地，都必须通过公共土地征收程序，即农民集体拥有的土地首先得通过地方政府的土地征收程序转换为国有土地，然后才能用来发展基础建设、工业和商业项目。因此，农民集体作为农村土地的所有者，并不能私下交易将土地使用权用于城市建设等，而只能获取地方政府提供的少量征地补偿。征地补偿额往往由地方政府单方面决定，而且远远小于商业用地在市场上的交易价格（Cao等，2008）。有不少学者和记者都曾报道过中国农村出现的强征强拆现象。

1. 土地收入

表6－1描述了2001～2012年地方政府财政收入及来自土地的收入。直接来自土地的税收由2001年的498亿元增长到2012年的10128亿元，其占一般预算

收入的比例从6.4%增长到16.6%。土地转让收入(包括土地直接相关税收和土地转让收入)也从2001年的1794亿元增长到2012年的37028亿元,增长了将近21倍。这二者之和占地方政府总收入(一般性收入+预算外收入)的比重从2001年的15.3%增长到2010年的73.9%,进而增长到2012年的60.6%。而且此处还没考虑土地间接税收收入,所以来自土地的实际收入占比应该要高于这个比重。Su和Tao(2011)发现,除了来自土地的直接税收,房地产开发商所缴纳的5%营业税也对地方政府财政有不少的贡献,因为地方政府30%的总税收收入都来自营业税。这表明,地方政府依赖土地出让获取财政收入。然而,为了获取更多的财政收入以及经济和政治利益,地方政府不是采用单一的土地供应价格,而是针对不同部门采取了不同策略。下面将进一步讨论。

表6-1 2001~2012年地方政府的财政收入及来自土地的收入

单位:十亿元

年份	一般收入(GBR)	土地直接相关税收(TDL)	TDL/GBR(%)	预算外收入(EBR)	土地转让收入(LLR)	(TDL+LLR)/(GBR+EBR)(%)
2001	780.3	49.8	6.4	395.3	129.6	15.3
2002	851.5	67.6	7.9	403.9	241.7	24.6
2003	985.0	89.3	9.1	418.7	542.1	45.0
2004	1189.3	120.8	10.2	434.9	641.2	46.9
2005	1488.4	159.1	10.7	514.2	588.4	37.3
2006	1830.4	196.2	10.7	594.1	767.7	41.4
2007	2357.3	275.5	11.7	629.0	1194.8	50.1
2008	2865.0	365.7	12.8	612.5	960.0	40.0
2009	3260.3	481.3	14.8	606.3	1591.0	56.9
2010	4061.3	653.0	16.1	539.5	2711.1	73.9
2011	5254.7	629.0	12.0	—	3150.0	73.1
2012	6107.8	1012.8	16.6	—	2690.0	60.6

注:①从2011年开始,预算外收入就被取消了,所有的政府收入都纳入预算收入(一般收入)。②土地直接相关税收包括房屋资产税、城市和土地使用税、土地增值税、耕地占用税和合同税(Su和Tao,2011)。

数据来源:各年《中国金融年鉴》和《国土资源统计年鉴》。

地方政府出让土地主要通过以下四种方式:协议、招标、拍卖和挂牌。协议是指土地使用者和地方政府通过面对面的协商决定土地出让条款,一般协议决定的土地出让价格很低。招标是通过公开组织让土地使用者提供其租赁条款,地方政府基于综合考虑而非价格来选择其中最合适的一个。拍卖也是公开组织,而出价最高者可以获得土地使用权。与拍卖不同,挂牌是公开挂出地价,且要求土地使用者在不少于10天的指定期间内以书面形式报价，而不是直接在拍卖场所。Cao等（2008）发现，由于地区间招商引资的激烈竞争，地方政府对制造业出让土地主要是通过协商方式，而且土地出让价格非常低，甚至会提供一些补贴。但政府出让土地给商业和住宅建设项目，则通过他们的附属机构——市土地管理和储备中心限制一段期间内的土地供给量，从而提高土地出让价格。根据2012年的《中国国土资源统计年鉴》，2011年105个主要城市的整体商业用地价格是5654元/平方米，住宅用地价格为4518元/平方米，而工业用地价格只有652元/平方米。地方政府对不同部门采取不同价格策略的原因在于，制造业部门的投资不仅会给地方政府带来一股稳定的未来税收收入流，而且会促进地方经济增长，进而刺激当地的商业和住宅用地需求，进一步抬高商业和住宅用地价格。也就是说，制造业部门土地出让收入的暂时损失，能够换来长期的税收收入、经济发展，进而抬高商业和住宅用地价格。相反，商业投资和房地产行业的投资需求取决于当地经济发展水平，具有地方属性，而无法像制造业投资一样可以选择其他地方替代，所以地方政府可以通过控制土地供给量抬高商业和住宅用地价格。同时，由于中国房地产税的缺失，住宅建设项目并不能给地方政府带来未来稳定的收入流，而住宅用地出让价格是其能得到的主要收入。因此，通过垄断土地供应权，地方政府有动机增加工业用地供应以增加未来税收收入、刺激当地经济发展，进而抬高商业和住宅用地需求，然而控制住宅和商业用地供应以提高当期的土地出让收入（Liu等，2008；Tao等，2010；Wu，2010；Lin和Yi，2011）。表6-2描述了2003~2011年工业用地、商业用地和住宅用地的供应情况。地方政府大部分的土地供应是工业用地，从2003年的99435.0公顷增加到2011年的191314.5公顷。住宅用地供应量从2003年的43323.3公顷增加到2011年的126452.9公顷。最后是商业用地供应量。值得注意的是，工业用地供应量占总土地供应量的50%或以上，比住宅用地和商业用地的占比高得多。因此，地方政府通过以低价增加工业用地供给量来吸引投资，以刺激当地经济发展，而控制商业和住宅用地供给以抬高土地出让价格，以凭借其对土地供应量的垄断力量扩大其财政收入。

表6-2　2003~2011年工业、商业和住宅用地供给

年份	工业用地供给（I）（公顷）	商业土地供给（C）（公顷）	住宅用地供给（R）（公顷）	比例（%）		
				I/（I+C+R）	C/（I+C+R）	R/（I+C+R）
2003	99435.0	39082.1	43323.3	54.7	21.5	23.8
2004	89788.1	33798.4	48677.0	52.1	19.6	28.3
2005	90511.8	23267.7	43675.4	57.5	14.8	27.7
2006	154635.3	32124.5	65153.7	61.4	12.8	25.9

续表

年份	工业用地供给（I）（公顷）	商业土地供给（C）（公顷）	住宅用地供给（R）（公顷）	比例（%）		
				I/（I+C+R）	C/（I+C+R）	R/（I+C+R）
2007	141723.4	57751.1	80174.8	50.7	20.7	28.7
2008	92918.1	26532.0	62030.1	51.2	14.6	34.2
2009	141486.5	27570.9	81548.2	56.5	11.0	32.5
2010	153977.6	38905.2	115272.5	50.0	12.6	37.4
2011	191314.5	42629.7	126452.9	53.1	11.8	35.1

数据来源：根据各年的《中国金融年鉴》和《中国国土资源统计年鉴》中的数据整理所得。

2. 土地金融

除了土地财政收入，地方政府充分利用其土地使用权获取土地抵押贷款，被称为土地金融。根据1995年的《预算法》，地方政府不允许直接发行债券，所以他们建立了地方政府融资平台以从银行获取贷款（Li和Lin，2011）。特别是在近十多年，地方政府的融资平台大量涌现，比如城市发展公司、土地储备中心和国有资产管理中心等。根据国家审计署的调查，在2010年有6576家地方政府融资平台，2013年6月末已增加到7170家。土地抵押已经成为地方政府通过融资平台获取银行贷款最普遍的方式。常见的流程如下：①土地管理部门根据政府规划决定土地储备的用途和条款，然后给土地储备中心颁发土地使用权证书。②运用这些证书，土地储备中心能够直接从银行申请贷款或间接通过其他融资平台获取抵押贷款。表6－3描述了地方政府各种债务数据及其到期时间。近年来，地方政府的总债务不断增长，由2010年的107175亿元增长到2013年6月底的178909亿元，其中包括偿还性债务（60.8%～62.6%）、担保性债务（14.9%～21.8%）和补贴性债务（15.6%～24.3%）。而且，各年的债务在最近几年到期的比例都比较高，地方政府面临着高债务风险。

表6－3 地方政府债务和各年贷款到期比例 单位：十亿元

年份	总债务金额	偿还性债务		担保性债务		补贴性债务		偿还性债务在各年的到期比例（%）						
		数量	比例（%）	数量	比例（%）	数量	比例（%）	2011	2012	2013	2014	2015	2016	2017
2010	10717.5	6711.0	62.6	2337.0	21.8	1669.6	15.6	27.8	19.4	11.9	9.2	7.4	24.4	—
2012	15885.8	9628.2	60.6	2487.1	15.7	3770.5	23.7	—	—	—	—	—	—	—
2013	17890.9	10885.9	60.8	2665.6	14.9	4339.4	24.3	—	—	22.9	21.9	17.1	11.6	7.8

注：2013年的统计数据截至6月。

数据来源：国家审计署。

表6－4描述了近年来地方政府通过融资平台获取的贷款、银行贷款和用于基础建设的资金的数量及其比例。通过地方政府融资平台获取的贷款数量不断增加，从2010年的49711亿元增加到2013年6月的69704亿元，其占地方政府总债务的比例分别为46.4%和39.0%。随着房地产价格的上涨，银行将土地视为优良抵押品，并且为地方政府提供了大量的贷款。如表6－4所示，在2010年和2013年6月，地方政府来自银行的贷款分别为84680亿元和101187亿元，其占地方政府总债务的比例分别为79%和56.6%。运用这些贷款，地方政府大力发展工业园区和扩张基础设施建设以吸引工业投资，进而刺激商业和住宅用地需求。用于基础设施建设的资金在2010年和2013年6月分别达到85921亿元和148398亿元，占地方政府总债务的比例分别为89.4%和88.6%。而工业园区的建设数量在2003年达到了3837个，至2006年已经增加到了6015个（Su和Tao，2011）。工业园区的建设有利于吸引投资，提升当地工业和商业发展水平，如此进一步抬高土地相关税收和商业土地价格。因此，地方政府热衷于进行基础设施建设和工业园区的开发，以此带来更多的财政收入、经济和政治利益。但这些活动都伴随着高风险。国家审计署报道，偿还性债务存在过度增长，2012年省级、市级和县级地方政府的偿还性债务增长率分别为14.41%、17.36%和16.59%。这些贷款中37.2%被地方政府承诺在2012年末用土地出让金偿还。截至2010年，已经有358家地方政府融资平台必须借新债还旧债，而这些贷款占这些融资平台总债务的平均比重为55.2%。表6－3中的数据也表明地方政府在近几年面临着大量偿还性贷款到期的困境。随着对土地价格升值的预期，地方政府仍然竞相利用其贷款发展工业园区。然而，房价目前已

表6－4　地方政府通过融资平台获取的贷款、银行贷款及用于基础建设的资金

单位：十亿元

年份	债务类型	通过融资平台获取的贷款		银行贷款		用于基础建设的资金	
		数量	比例（%）	数量	比例（%）	数量	比例（%）
2010	偿还性债务	3137.5	46.8	5022.5	74.8	5239.0	89.1
	担保性债务	814.4	34.9	1913.4	81.9	1884.1	86.4
	补贴性债务	1019.2	61.0	1532.1	91.8	1469.0	94.6
	总额	4971.1	46.4	8468.0	79.0	8592.1	89.4
2013	偿还性债务	4075.6	37.4	5525.2	50.8	8780.6	86.8
	担保性债务	883.3	33.1	1908.5	71.6	2272.0	88.6
	补贴性债务	2011.6	46.4	2685.0	61.9	3787.2	93.1
	总额	6970.4	39.0	10118.7	56.6	14839.8	88.6

注：①根据国家审计署，基础建设项目包括市政建设、土地储备、交通、经济适用房、教育与科学、森林、水利及生态建设。②2013年的统计数据截至6月。

数据来源：国家审计署。

经出现高位运行的状况，房价一旦下跌，地方政府会因地价崩溃而面临严重的债务危机。

（二）房地产开发企业

在中国，房地产开发项目由房地产开发企业完成。作为房地产市场的供给者，房地产开发企业是重要的参与者之一。表 6－5 描述了 1999～2012 年房地产开发企业的资金来源。最大的资金来源为其他，从 2001 年的 3671 亿元增长到 2012 年的 42274 亿元，其占房地产开发企业资金来源各年平均比例的 46.55%。其次为自有资金，各年平均占比为 32.01%。之后是国内贷款，从 2001 年的 1692 亿元增长到 2012 年的 14778 亿元，其各年平均占比为 19.93%。国内贷款主要是由银行的房地产开发贷款组成。同时，其他与自有资金来源中有很大的比例为购房者的住房抵押贷款（中国银监会统计部专题分析组，2005）。可见，房地产开发企业的资金主要来源于银行。随着总资金来源的增长，房地产开发企业的房地产开发投资不断上涨，其增长率在 2003 年、2007 年和 2010 年甚至超过 30%。这表明，近年来房地产开发企业的投资急剧扩张。然而，土地购置费占房地产开发投资的比例在 20% 左右，表明土地购置费是房地产开发的主要成本之一。当然，高土地成本也就转嫁到了高房价中。同时，根据国家统计局的数据，从 2005 年开始，商品房建设完成面积小于其销售面积，而且直到 2014 年，商品房销售面积是其建设完成面积的 1.4 倍。可见，中国房地产市场上供给者占据主导地位。在这种情况下，房地产开发企业可以采用各种方法尽力抬高房价来增加其利润，甚至出现捂盘惜售的现象。

表 6－5　1999～2012 年房地产开发企业的资金来源及房地产开发投资

单位：十亿元

年份	总资金							房地产开发投资			
	总额	增长率（%）	国内贷款	外商投资		自有资金	其他	数量	增长率（%）	土地购置费	
				总额	外商直接投资					数量	比例（%）
2001	769.6	28.3	169.2	13.6	10.6	218.4	367.1	634.4	27.3	103.9	16.4
2002	975.0	26.7	222.0	15.7	12.4	273.8	462.0	779.1	22.8	144.6	18.6
2003	1319.7	35.4	313.8	17.0	11.6	377.1	610.6	1015.4	30.3	205.5	20.2
2004	1716.9	30.1	315.8	22.8	14.3	520.8	856.3	1315.8	29.6	257.5	19.6
2005	2139.8	24.6	391.8	25.8	17.1	700.0	1022.2	1590.9	20.9	290.4	18.3
2006	2713.6	26.8	535.7	40.0	30.3	859.7	1278.1	1942.3	22.1	381.5	19.6
2007	3747.8	38.1	701.6	64.1	48.5	1177.3	1804.9	2528.9	30.2	487.3	19.3

续表

年份	总资金							房地产开发投资			
	总额	增长率（%）	国内贷款	外商投资		自有资金	其他	数量	增长率（%）	土地购置费	
				总额	外商直接投资					数量	比例（%）
2008	3961.9	5.7	760.6	72.8	63.5	1531.2	1597.3	3120.3	23.4	599.6	19.2
2009	5779.9	45.9	1136.5	47.9	40.3	1794.9	2800.6	3624.2	16.2	602.4	16.6
2010	7294.4	26.2	1256.4	79.1	67.3	2663.7	3295.2	4825.9	33.2	1000.0	20.7
2011	8568.9	17.5	1305.7	78.5	69.0	3500.5	3684.2	6179.7	28.1	1152.7	18.7
2012	9653.7	12.7	1477.8	40.2	35.9	3908.2	4227.4	7180.4	16.2	1210.0	16.9

注：外商投资包括外商直接投资、跨国借贷和其他投资。

数据来源：《中国统计年鉴》（2012 年）。

（三）银行部门

由于中国是银行主导型金融体系，而房地产行业作为资金密集型行业，与银行部门关系密切。上一章的分析已表明，地方政府和房地产开发企业依赖银行获取资金进行房地产开发投资。中国银监会统计部专题分析组（2005）指出，房地产行业资金来源中的 60% 都来自银行。随着高流动性水平和房价的增长，银行部门从 2003 年开始扩张了对银行的贷款。表 6 - 6 描述了 1999 ~ 2012 年金融机构的总存、贷款余额，以及对房地产行业的贷款余额。总存款余额从 2003 年的 2080556 亿元增加到 2012 年的 9173681 亿元，其在 2000 ~ 2010 年的平均增长率为 19.3%，表明银行部门存在大量流动性。银行对房地产行业的贷款余额从 2003 年的 18400 亿元增加到 2012 年的 121000 亿元，占银行总贷款余额的比例也从 2003 年的 11.57% 急剧增加到 2012 年的 19.2%。近年来，银行给房地产行业提供了大量的贷款，而且其增长率不断上涨。房地产开发企业和消费者都能从银行获取大量贷款。房地产开发贷款余额从 2003 年的 6600 亿元增加到 2011 年的 34880 亿元，而购房贷款余额从 2003 年的 11800 亿元增加到 2011 年的 72420 亿元。同时，除 2008 年以外，对房地产行业的银行贷款余额增长率是银行总贷款余额增长率的 2 ~ 3 倍。因此，随着高流动性，银行选择房地产行业作为主要的贷款扩张目标之一。Liang 和 Cao（2007）认为，银行信贷对房地产的扩张是导致房价上涨的主要原因之一。

表 6－6 1999～2012 年金融机构的总存、贷款余额及对房地产行业的贷款余额

单位：十亿元

年份	总存款余额		总贷款余额		对房地产行业的贷款余额				对房地产行业的贷款余额/总贷款余额（%）
					总量		房地产开发贷款余额	购房贷款余额	
	数量	增长率（%）	数量	增长率（%）	数量	增长率（%）			
1999	108778.9	13.7	9373.4	6.0	—	—	—	—	—
2000	123804.4	13.8	9937.1	13.0	—	—	—	—	—
2001	143617.2	16.0	11231.5	16.9	—	—	420.4	—	—
2002	170917.4	19.0	13129.4	21.1	—	—	—	—	—
2003	208055.6	21.7	15899.6	12.1	1840.0	—	660.0	1180.0	11.6
2004	240525.1	15.6	17819.8	9.3	2380.0	29.4	780.0	1600.0	13.4
2005	287169.5	19.4	19469.0	15.8	2821.7	18.6	914.1	1907.6	14.5
2006	335434.1	16.8	22534.7	16.1	3680.0	30.4	1410.0	2270.0	16.3
2007	389371.2	16.1	26169.1	16.0	4800.0	30.4	1800.0	3000.0	18.3
2008	466203.3	19.7	30346.8	31.7	5290.0	10.2	1930.0	3360.0	17.4
2009	597739.9	28.2	39968.5	19.9	7368.9	39.3	2527.8	4841.1	18.4
2010	718233.2	20.2	47919.6	14.4	9332.6	26.7	3132.6	6200.0	19.5
2011	809368.3	12.7	54794.7	6.0	10730.0	15.0	3488.0	7242.0	19.6
2012	917368.1	13.3	62990.7	15.0	12100.0	12.8	3863.0	8237.0	19.2

数据来源：2001～2012 年的《中国金融年鉴》、中国人民银行和各年各季度的《中国货币政策执行报告》。

（四）国外部门

自 2001 年加入 WTO 以来，中国市场一步步向外资打开了大门。随着房价的上涨，外资扩张了对房地产行业的投资。中国人民银行（2004）指出，外资进入房地产市场主要有四种途径：①直接建立房地产开发企业或持有国内企业的股份；②通过债券市场间接投资或通过外资房地产中介企业大量购买房地产然后转卖零售；③外资银行对房地产企业和消费者提供贷款；④非居民外汇在外汇结算后流入购买房屋。事实上，途径①、途径②的后半部分以及来自于外商直接投资的途径③和途径④属于“热钱”。表 6－7 描述了 2000～2012 年的 FDI、对房地产行业的 FDI 和热钱净流入。在 2003 年左右，这三个变量开始急剧增长。FDI 从 2003 年的 535 亿美元增长到 2011 年的 1160 美元。对房地产行业的 FDI 占总 FDI 的比例从 2003 年的 9.8%（52 亿美元）增长到 2011 年的 23.2%（269 亿美

元）。2004~2011 年，大量的热钱被吸引到中国，热钱净流入从 2004 年的 768 亿美元增长到 2010 年的 771 亿美元。He 和 Zhu（2010）发现，外资对房地产开发的投资已经延伸到内陆城市，不仅促进了一线城市房价的上涨，还抬高了二线城市房价。基于面板数据的实证分析，He、Wang 和 Cheng（2011）指出，流入房地产开发的 FDI 在当地寻找机会来获取利润，且更倾向于高房价的省份。Guo 和 Huang（2010）发现，热钱促进了房价的上升，由于其数额大、投资时期短，热钱加速了房地产市场和股票市场的波动。

表 6-7　2000~2012 年的 FDI 和热钱净流量　　单位：十亿美元

年份	2000	2001	2002	2003	2004	2005	2006	2007	2008	2009	2010	2011	2012
FDI	40.7	46.9	52.7	53.5	60.6	60.3	63.0	74.8	92.4	90.0	105.7	116.0	111.7
流入房地产业的 FDI（FDIREI）	4.7	5.1	5.7	5.2	6.0	5.4	8.2	17.1	18.6	16.8	25.0	26.9	24.1
FDIREI/FDI	11.4	11.0	10.7	9.8	9.8	9.0	13.1	22.9	20.1	18.7	23.6	23.2	21.6
热钱	—	-25.7	-16.4	40.2	76.8	46.0	-27.2	57.4	22.4	29.5	77.1	34.4	-326.7

注：热钱是由国家外汇管理局国际收支分析小组按如下外汇储备变化计算的：热钱 = 外汇储备变化 -（外贸顺差 + 外商直接投资 + 投资收益 + 境外证券市场资金）。

数据来源：《中国统计年鉴》（2012）和中国外汇管理局。

（五）个人

伴随着房价上涨预期，个人也将房地产作为合适资产进行投资。日本银行（2007）认为，除了对房地产市场的银行信贷，流入房地产的资金可以通过房地产基金和其他方式接收来自个人、法人和外资的资金。个人既可以通过购买房屋直接投资房地产，又可以通过证券市场和房地产信托产品①间接投资房地产。对于个人的直接投资，温州炒房团就是一个典型的例子（Liu，2014）。近年来，中国高住房空置率②表明有大量的私人资金（个人的资金）投入到了房地产。根据三亚房地产教育管理局市场部门的调查，三亚商品房的平均空置率在 85% 左右

① 中国的房地产信托与国际上的房地产投资信托（REIT）不同。在中国尚没有真正的投资信托（柏宝春，2013）。中国目前的房地产信托产品主要以债券形式发行，资金流动类似于银行信贷，房地产信托扮演着第二个银行的角色（王重润和屈昆鹏，2009）。通过房地产信托产品，收集的资金主要是流入房地产开发企业（王重润和屈昆鹏，2009；邱峰，2012）。房地产信托首先从个人或机构收集资金，然后再借给向信托公司抵押房地产开发项目的房地产开发企业。

② 不同于西方国家的空置率，本章此处的空置率是指已售出却无人居住的房屋占总销售房屋的比例。而西方国家的空置率包含还未销售出去的房屋。

(郭松海，2012)。通过2007年的样本调查，孟斌等（2009）发现，2004～2006年北京某一已开放入住的普通住宅区的平均空置率为27.16%。国土资源部的数据表明，截至2010年5月，房地产开发企业持有2815块空地，大概有113百万平方米。而近年来，人们将越来越多的高空置率物业称作“鬼城”。表6－8描述了2003～2012年的商品房销售面积和销售额。二者除2008年以外，一直呈急剧上涨趋势。商品房销售额增长了将近8倍，从2003年的7956亿元增长到2012年的64456亿元。而房地产信托产品作为来自个人的间接投资，其价值也从2003年的85亿元急剧上升至2011年的3156亿元，特别是2010年达到了335.3%的增长率。

表6－8　2003～2012年商品房销售面积和销售额以及房地产信托产品价值

年份		2003	2004	2005	2006	2007	2008	2009	2010	2011	2012
销售面积	数量（百万平方米）	337.2	382.3	554.9	618.6	773.5	659.7	947.6	1047.6	1093.7	1113.0
	增长率（%）	25.8	13.4	45.1	11.5	25.1	－14.7	43.6	10.6	4.4	1.8
销售额	金额（十亿元）	795.6	1037.6	1757.6	2082.6	2988.9	2506.8	4435.5	5272.1	5858.9	6445.6
	增长率（%）	31.9	30.4	69.4	18.5	43.5	－16.1	76.9	18.9	11.1	10.0
房地产信托产品	金额（十亿元）	8.5	14.6	15.8	18.0	123.8	29.0	45.9	200.0	315.6	228.0
	增长率（%）	—	79.5	8.0	14.0	－31.2	134.2	58.4	335.3	57.8	－27.8

数据来源：《中国统计年鉴》（2012年）和用益信托网（http：//www.yanglee.com）。

（六）地方政府引导的房地产投资过程

以上的分析解释了各参与者在房地产投资过程中的作用。地方政府从农村集体以低价征收土地。然后，他们充分利用其对土地供应的垄断力，以低价甚至补贴提供工业用地，以高价提供商业和住宅用地，以此获取高额土地财政收入、经济和政治利益（土地财政收入）。同时，地方政府通过其下属的融资平台，利用土地抵押从银行获取大量贷款，用以进行基础设施建设，如工业园区的建设，可以吸引工业投资以刺激当地经济发展，增加商业和住宅用地需求，进一步抬高土地出让价格（土地金融）。因为中国的房地产市场供给者处于主导地位，房地产开发企业将高昂的土地成本转嫁于高房价中，进一步抬高房价以增加其利润。伴随着房价上涨预期，外资和个人都不断增加其对房地产的投资和投机。在这个过程中，伴随着大量的流动性，银行部门将房地产作为优质抵押品，不断扩张对地方政府、房地产开发商和个人的贷款。总之，在地方政府的引导下，其与房地产开发商和银行一起构成了一个房地产投资联盟，致力于推动房价的上涨。来自外资和个人的投资或投机促进了房价的进一步上升。这个过程可以由图 6－1 表示。

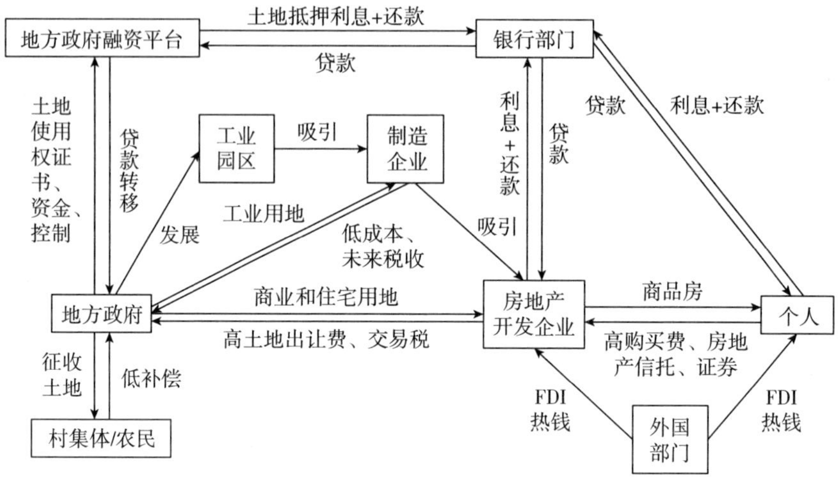

图 6－1　地方政府引导的房地产投资过程

（七）房地产投入资金的估计

1. 估计过程

银行对房地产开发企业的贷款由表 6－5 中的房地产开发企业资金来源的国内贷款表示。银行对地方政府的贷款等于金融机构当年土地开发贷款余额减去上年的余额。银行对消费者的贷款等于表 6－6 中的当年金融机构购房贷款余额减去上年的余额。对房地产的外商直接投资来自于表 6－7。尽管无法计算从国外证券市场和热钱投入房地产资金数量，但其数额肯定小于各年的二者之和。热钱的数额来自于表 6－7。从国外证券市场筹集资金的数据来自中国证券监督管理委员会。由于本章私有资金是指由个人和机构所拥有的资金，无法计算其投入房地产的资金数额。因此，本章先估计投入房地产的总资金，然后从中减去其他参与者投入的资金，其差额即为来自私有资金的投资量。由于房地产兼具普通消费品和投资品特点，房地产总投资由来自需求者和供给者的总资金来代表。来自消费者的资金可以由商品房销售额表示。由于已销售商品房中来自房地产开发企业（供给者）的资金已经计入其销售额，为避免重复计算，只将未销售商品房中来自房地产开发企业的投资加入房地产总投资中。对于已经开发的土地，其土地购置费已经纳入了商品房的投资中。然而，对于还未被开发土地的购置费应该计入房地产总投资中。因此，投入房地产的总资金等于商品房销售额、未销售商品房中来自房地产开发企业的投资（INS）和未开发土地的购置费（LND）三者之和，如表6－9所示。其中，INS = I×(1 － SS/TS)，且 LND = AND/AP×LP。这里，I是房地产开发企业的完成投资额；SS是商品房销售面积；TS是商品房竣工面积；AND是未开发土地的面积；AP是土地购置的总面积；LP是总土地购置费。然后，从房地产总投资中减去来自银行部门和国外部门的资金，则计算出来自个人和机构的房地产投资范围，如表6－9所示。

表6－9　来自于各参与者的投资代表量

变量		数据来源/估计方法
银行信贷（BC）	对房地产开发企业的银行贷款	＝表6－5中房地产开发企业资金来源中的国内贷款
	对地方政府的银行贷款	＝当年土地开发贷款余额减去上年的余额。数据来源于各年各季度的《中国货币政策执行报告》
	对消费者的银行贷款	＝表6－6中当年购房贷款余额减去上年的余额
私有资金（PF）		＝TF－FF－BC
外资（FF）	外商直接投资	＝各年《中国统计年鉴》中外商直接投资于房地产的数额
	来自国外证券市场的资金	＜中国证券监督委员会公布的来自国外证券市场的资金
	热钱	＜中国国家外汇管理局公布的热钱数量
投入房地产的总资金（TF）		＝商品房销售额＋未销售商品房中来自房地产开发企业的投资（INS）＋未开发土地的购置费（LND），其中，INS＝I×（1－SS/TS），且LND＝AND/AP×LP。这里，I是房地产开发企业的完成投资额；SS是商品房销售面积；TS是商品房竣工面积；AND是未开发土地的面积；AP是土地购置的总面积；LP是总土地购置费

注：先计算BC和FF的数额，然后估计TF，最后计算PF。估计的PF不是具体的数值，而是其波动的一个区间。当来自国外证券市场的资金和热钱全部投入房地产时，通过以上计算可以得到PF的最小值。当来自国外证券市场的资金和热钱都未投入房地产时，计算可得出PF的最大值。如果某年涌入中国的热钱数量记为"a"，则当年投入房地产的热钱数量小于"a"。来自国外证券市场的投资以此类推。

2. 估计结果

基于图6－1，本节计算了2001～2012年各参与者投入房地产的资金数量，如表6－10所示。中国近年来有大量的资金投入房地产，从2001年的10003亿元增加到2012年的64456亿元，平均增长率为24.9%。可见，近年来房地产投资资金急剧扩张。对房地产开发贷款的银行信贷数额很大，从2001年的3138亿元增加到2012年的14778亿元，平均增长率为21.9%，表明银行对房地产开发的金融支持力度大幅上涨。对消费者的银行贷款也处于一个高水平，从2004年的4200亿元增加到2012年的9950亿元，平均增长率达到39.6%，且2009年达到最高水平14811亿元。还有大量来自个人和机构的资金投入房地产，其估计平均值从2009年的12083亿元增加到2012年的46848亿元。对房地产行业的外商直接投资从2003年的433亿元增长到2011年的1736亿元，平均增长率为13.06%。由此可见，2003~2011年，来自各个参与者的房地产投资资金数额非常大，且呈现出急剧上涨的趋势。

表6－10　2001~2012年不同参与者对房地产的投资　　单位：十亿元

年份	银行部门			个人和机构	国外部门			投入房地产的总资金
	对房地产开发企业的银行贷款	对地方政府的银行贷款	对消费者的银行贷款	私有资金	外商直接投资	来自国外证券市场的资金	热钱	
2001	169.2	—	—	—	42.2	—	>－212.7	644.6
2002	222.0	—	—	—	47.2	—	>－133.3	806.4
2003	313.8	—	—	—	43.3	<53.8	<332.7	1000.3
2004	315.8	—	420.0	—	49.3	<60.8	<635.7	1284.3
2005	391.8	—	307.6	—	44.4	<168.4	<376.8	1757.6
2006	535.7	—	362.4	—	65.6	<311.5	>－216.8	2186.9
2007	701.6	—	730.0	—	129.9	<96.1	<436.5	3036.9
2008	760.6	—	360.0	—	129.1	<31.7	<155.6	2608.5
2009	1136.5	340.6	1481.1	[1053.8，1362.7]	114.7	<107.3	<201.5	4435.5
2010	1256.4	164.8	1359.0	[1564.6，2322.9]	169.1	<236.4	<521.9	5272.1
2011	1305.7	－64.6	1042.0	[3335.2，3630.0]	173.6	<72.6	<222.2	6086.8
2012	1477.8	95.0	995.0	[3704.0，5665.5]	173.7	<100.8	>－2062.3	6445.6
平均增长率（%）	21.9	—	39.6	—	18.0	—	—	24.9

注：①银行信贷和外资的数据来源于官方统计数据，但投入房地产总资金和私有资金由笔者根据其他官方数据计算得出。私有资金列的“[a，b]”代表私有资金在最小值“a”和最大值“b”之间波动。“<c”指该变量的数额低于“c”。②本表中的数据为流量数据。③根据统计时的汇率，外资的单位已由“十亿美元”转换为“十亿元人民币”。

数据来源：《中国统计年鉴》（2012年）、2001~2012年的《中国金融年鉴》、中国人民银行、各年各季度的《中国货币政策执行报告》、中国国家外汇管理局和中国证券监督委员会。

表6-11展示了2003~2012年来自各参与者的房地产投入资金占总房地产投入资金的比重。银行信贷占总房地产投入资金的比重最大，其平均占比为49.5%。在这之中，对房地产开发企业的银行贷款平均占比为24.9%，其次为对消费者的银行贷款占比，平均为21.8%。对地方政府的用于土地开发的银行贷款占比相对比较小，平均为2.8%，表明土地征收成本（包含对农村集体和农民的补偿）相对很低。2009~2011年，私有资金占总房地产投资资金的比重为23.8%~58.1%。对房地产行业的外商直接投资的平均占比为3.4%。来自外国证券市场和热钱的资金最大值平均占比分别为4.8%和10.1%。可见，投入房地产的资金主要来自银行信贷，其中对房地产开发企业的银行贷款占比最大，其次为发放给消费者的银行贷款，最后是对地方政府的土地开发贷款。表明来自个人和机构的投资或投机快速上涨。外商直接投资和来自证券市场的资金相对较小，分别为3.4%和低于4.8%，但热钱最大值的比重却达到10.1%，说明外资对我国房地产存在着严重的投机行为。

表6-11　2003~2012年不同参与者对房地产投资占总房地产投资资金的比重

单位:%

年份	银行部门			个人和机构	国外部门			投入到房地产的总资金
	对房地产开发企业的银行贷款	对地方政府的银行贷款	对消费者的银行贷款	私有资金	外商直接投资	来自境外证券市场的资金	热钱	
2003	31.4	—	—	—	4.3	<5.4	<33.3	100
2004	24.6	—	32.7	—	3.8	<4.7	<49.5	100
2005	22.3	—	17.5	—	2.5	<9.6	<21.4	100
2006	24.5	—	16.6	—	3.0	<14.2	> -9.9	100
2007	23.1	—	24.0	—	4.3	<3.2	<14.4	100
2008	29.2	—	13.8	—	4.9	<1.2	<6.0	100
2009	25.6	7.7	33.4	(23.8, 30.7)	2.6	<2.4	<4.5	100
2010	23.8	3.1	25.8	(29.8, 44.1)	3.2	<4.5	<9.9	100
2011	21.5	-1.1	17.1	(53.0, 58.1)	2.9	<1.2	<3.7	100
2012	22.9	1.5	15.4	(57.5, 87.9)	2.7	<1.6	> -32.0	100
平均值	24.9	2.8	21.8	(41.0, 55.2)	3.4	<4.8	<10.1	100

注：本表的比重基于表6-10计算得出。

四、实证分析

上文分析了地方政府引导的房地产投资，以及各参与者在这个过程中的作用。为了进一步分析各参与者的作用，本节将实证分析其对房价的影响。

（一）数据和方法

1. 数据

由于地方政府相关数据无法找到高频时间序列数据，如月度或季度数据，所以搜集了31个省（市/区）2003～2011年的年度面板数据进行分析。土地出让面积（AL）用来代表地方政府的土地供应水平。一般性财政收入（GR）用来代表地方政府的财政收入水平，不包括预算外收入。由于土地出让金直接计入预算外收入，是预算外收入的一部分，对二者的关系进行实证分析无意义，所以此处不纳入预算外收入。各省（市/区）的平均商品房价格（AP）用来代表房地产价格水平。这些变量的对数形式分别记为LAL、LGR和LAP。以上数据来源于各年的《国土资源统计年鉴》《中国财政年鉴》《中国统计年鉴》。

对于资金相关数据，如房地产开发贷款、购房贷款和房地产信托产品及热钱，无法获得面板省级数据，所以采用2003～2012年的全国季度时间序列数据进行分析。因为平均商品房价格（AP）比房价指数具有更好的连续性[①]，因此用其代表房地产价格水平。金融机构的房地产开发贷款余额（DL）和购房贷款余额（PL）组成来自银行信贷的房地产投资资金。由于缺乏对房地产的投资精确的私有资金数额，将来自房地产信托产品的资金（RT）作为其代表变量。房地产信托产品不仅是房地产开发企业重要的融资来源，而且受到个人和机构投机资金的欢迎。这是投入房地产私有资金的唯一可得变量。虽然外资投入房地产资金的精确数据也不可得，但外商直接投资和热钱[②]（HM）的数据是可得或可计算的。Martin和Morrison（2008）指出，由于热钱流动速度快且缺乏监管，所以没有一个精确的方法能够测算出其在一段时间内流入某个国家的数额。现有文献主要用两种方法来大概估计热

① 房价指数的计算方法在2005年和2011年进行了两次变动，所以2003～2012年中国没有连续的房价指数。

② “热钱”这一术语经常被运用于金融市场，是指从一个国家流入另一个国家，且致力于从利差和/或预期汇率变动获取短期收益的资金（资本）流。之所以称其为热钱，是因为它们流入和流出市场非常快，可能引起市场的不稳定（Martin和Morrison，2008）。

钱的数量：①直接估计方法，将构成热钱的具体变量相加；②间接估计方法，从其他变量中求差值，如表6－12所示。受限于中国数据可得性[①]，无法按照Loungani和Mauro（2001）、Prasad和Wei（2007）、Cheung和Qian（2010）的直接方法估计热钱数量。刘莉亚（2008）运用的“国际贸易超额顺差”和“超额当期转移”也无法进行清晰的界定。然而，利用间接计算方法，即热钱＝外汇储备的变动－国际贸易顺差（或赤字）－FDI净流量，在数据可得性方面更可行[②]。然而，现有文献常用来自不同部门的变量数据估计热钱，由于不同部门对变量界定的范围不一致，这将导致估计偏差。比如说，外汇储备数据来源于外汇管理局，国际贸易顺差来自于商业部，而FDI则来自海关局。即便对于同一变量，不同部门的估计范围都存在差异。事实上，热钱是一个跨境资金流，而国际收支平衡表所记录的资金流入和流出最为精确。因此，本章采用中国社会科学院金融数据库中的国际收支平衡表季度数据来估计热钱和FDI。因为来自境外证券市场的资金已经包含在上述间接估计方法的热钱中，本章不再对其进行独立的VAR建模分析。以上的变量都采用其对数形式，运用X11季节调整方法，然后分别表示为LAP、LDL、LPL、LRT、LFDI和LHM。以上数据来源于国家统计局、中国人民银行、用益信托网、中国社会科学院数据库和清华金融数据库。

表6－12 现有文献大概估计热钱的方法

文献	直接方法	文献	间接方法
Loungani和Mauro（2001）	净误差与遗漏＋实体而非货币当局、一般政府和银行持有的非FDI净流量、非组合投资资产和债务＋银行持有的非FDI净流量、非组合投资资产和债务	Guo和Huang（2010）、Martin和Morrison（2008）、Zhang和Fung（2006）、Tung和Baker（2004）	外汇储备的变动－国际贸易顺差（或赤字）－FDI净流量
刘莉亚（2008）	国际贸易超额顺差＋超额当期转移＋误差与遗漏	张谊浩和沈晓华（2008）	外汇储备的变动－（正常国际贸易顺差＋FDI）
Prasad和Wei（2007）、Cheung和Qian（2010）	误差与遗漏＋投资组合流	国家外汇管理局国际收支分析小组（2010，2011，2012）	外汇储备的变动－（国际贸易顺差＋FDI＋投资收益＋来自境外证券市场的资金）

① 在中国的国际收支平衡表中没有公布“实体而非货币当局、一般政府和银行持有的非FDI净流量、非组合投资资产和债务”“银行持有的非FDI净流量、非组合投资资产和债务”和“投资组合流”的相关数据。

② 张谊浩和沈晓华（2008）发展了“正常国际贸易顺差”的定义，但“正常”水平仍然比较难界定。国家外汇管理局国际收支分析小组（2010，2011，2012）估计了每年热钱的大概数量，但没有“投资收益”的季度数据。

样本期间为2003年第二季度至2012年第四季度。从2003年开始，中国房地产价格开始急剧上涨，所以本章选择2003年作为起始年。而且，对房地产行业的银行信贷官方数据最早只能追溯到2003年第二季度。

2. 模型

第三章第五部分对广义VAR模型的来源及原理进行了解释，这里就不再重复。由于地方政府相关的季度或月度数据不可得，样本量不足以建立广义VAR模型。但其31个省（市/区）的面板数据可以找到，所以此处运用面板VAR模型对地方政府的作用进行检测。

面板VAR模型与广义VAR模型有着相关的结构，即将所有变量都设定为内生的和相互影响的，但面板VAR模型还纳入了一个跨截面维度（Canova和Ciccarelli，2013）。P阶面板VAR模型可以表示如下。

$$y_{jt} = a_{j0} + \sum_{i=1}^{p} \Phi_i y_{jt-i} + u_{jt}, j = 1,2,\cdots,N; t = 1,2,\cdots,T \tag{6-1}$$

其中，t=1，2，…，T，代表时间变量；j=1，…，N，代表个体项，如国家、部门、市场或其组成部分。y_{jt}是一个m×1阶向量，代表个体j的m个变量。a_{j0}是一个1×m阶向量，代表个体特征。Φ_i是一个m×m阶系数矩阵，如第三章第五部分式（3-2）所示。u_{jt}是一个m×1阶随机扰动项。

（二）建模

如本章第三部分所述，地方政府通过对不同部门采取不同的土地供应策略，以提高财政收入、获取更多的投资资金并推动房地产价格上涨。为了更进一步解释土地出让、地方政府财政收入和房价之间的关系，本部分运用31个省（市/区）的年度数据——LAL、LGR和LAP建立了一个面板VAR模型。

因为投入房地产的资金主要来源于银行部门（银行信贷）、私人部门（私有资金）和外国部门（外资），所以本部分分别建立3个VAR模型，用以检测3种不同来源资金对房价的影响。由于这3种来源资金的省际数据不可得，所以运用其全国范围的季度时间序列数据进行建模。序列LDL、LPL和LAP构成了来源于银行信贷的房地产投资资金数据集，记为系统（1）。变量LRT和LAP组成系统（2），代表来自于私有资金的房地产投资。系统（3）由LFDI、LHM和LAP组成，代表来自于外资的资金。

首先，对以上所有数据序列进行平稳性检验。对于面板数据，本节采用了两种检测方法（Levin，Lin & Chu Test和PP-Fisher Chi-square Test）以确保其准确性。检测结果如表6-13所示。所有的一阶差分序列DLAL、DLGR和DLAP均在1%的置信水平上拒绝了共同单位根（Levin，Lin & Chu Test）和个体单位根（PP-Fisher Chi-square Test）的零假设。对于时间序列数据，本部分采用了ADF

表 6－13　面板序列单位根检验结果（2003：2Q～2012：4Q）

原序列						一阶差分序列					
序列	（C，T，P）	Levin，Lin & Chu 检测		PP－Fisher Chi－square 检测		序列	（C，T，P）	Levin，Lin & Chu 检测		PP－Fisher Chi－square 检测	
		统计值	P 值	统计值	P 值			统计值	P 值	统计值	P 值
LAL	（C，0，1）	－6.09237	0.0000	57.8678	0.6253	DLAL	（0，0，1）	－14.2407	0.0000	320.165	0.0000
LGR	（C，0，1）	2.21464	0.9866	44.7134	0.9520	DLGR	（C，0，1）	－6.24019	0.0000	127.901	0.0000
LAP	（C，0，1）	－0.32336	0.3732	30.5477	0.9997	DLAP	（0，0，1）	－2.49354	0.0063	96.2444	0.0035

检验方法，检测结果如表6-14所示。所有的变量均在1%的置信水平上显示为一阶平稳序列。因此，其对应的一阶差分序列——DLDL、DLPL、DLRT、DLFDI、DLHM和DLAP进入VAR建模。

其次，本部分建立了一个面板VAR模型和三个普通VAR模型。对于地方政府的分析，建立了面板VAR模型（6-1），由一阶差分序列DLAL、DLGR和DLAP组成，滞后期为2期[①]。对于不同资金来源的模型，银行信贷渠道的分析由模型（6-2）表示，包括一阶差分序列DLDL、DLPL和DLAP。模型（6-3）则代表对私有资金渠道的分析，由一阶差分序列DLRT和DLAP组成。模型（6-4）则体现了对外资渠道的分析，包括一阶差分序列DLFDI、DLHM和DLAP。模型（6-2）的滞后期为2期，模型（6-3）和模型（6-4）则为1期[②]。

表6-14 ADF检验的结果（2003：2Q~2012：4Q）

原序列				一阶差分序列			
序列	（C，T，P）	ADF检验统计值	P值	序列	（C，T，P）	ADF检验统计值	P值
LDL	（C，T，0）	-0.845247	0.9519	DLDL	（C，0，0）	-5.197536	0.0001
LPL	（C，T，1）	-1.450905	0.8283	DLPL	（C，0，0）	-8.584794	0.0000
LRT	（C，T，0）	-2.975066	0.1522	DLRT	（C，0，0）	-9.076719	0.0000
LFDI	（C，T，0）	-3.252030	0.0899	DLFDI	（C，0，0）	-8.195786	0.0000
LHM	（C，T，0）	-3.250282	0.0902	DLHM	（C，0，0）	-9.663017	0.0000
LAP	（C，T，0）	-3.057409	0.1309	DLAP	（C，0，3）	-5.550764	0.0001

在面板VAR模型（6-1）中，$y_{it}=[DLAL_{it}, DLGR_{it}, DLAP_{it}]$，t=2003，…，2011；p=2

在模型（6-2）中，$y_t=[DLDL_t, DLPL_t, DLAP_t]$，t=2003Q2，…，2012Q4；p=2

在模型（6-3）中，$y_t=[DLRT_t, DLAP_t]$，t=2003Q2，…，2012Q4；p=1

在模型（6-4）中，$y_t=[DLFDI_t, DLHM_t, DLAP_t]$，t=2003Q2，…，2012Q4；p=1

运用EViews6.0软件，以上所述的面板VAR模型和所有一般VAR模型均顺利通过了AR单位根检验，表明VAR模型是稳定的。因此，基于以上VAR模型

① LR、FPE和AIC原则显示此面板VAR模型的最佳滞后期为2期。

② LR、FPE、AIC和HQ原则显示VAR模型（6-2）和模型（6-3）的最佳滞后期分别为2期和1期。LR、FPE和AIC原则显示VAR模型（6-4）的最佳滞后期为1期。

的脉冲响应函数能够可靠地检测出系统中各变量对特定变量变动的动态响应。

（三）脉冲响应函数结果分析

面板 VAR 模型（6－1）的一般脉冲响应函数结果如图 6－2 所示。伴随着对 DLAL 的一个正向 1% 冲击①，DLGR 的响应在第二期达到最大响应值 2.14%，表明土地出让能够提升地方政府的一般财政收入。这与第三部分的分析一致，即地方政府不但依靠土地出让金增加预算外收入，而且获取以低地价吸引的工业部门的稳定税收流及其他土地相关税收来增加一般预算收入。这就解释了为什么地方政府大量转让工业用地，而控制商业用地和住宅用地供应以抬高其出让价格。对于一个正向 1% 的 DLAP 冲击，DLGR 也正向响应，并且在第二期达到最大值 1.77%。这表明高房价能够带给地方政府更多的财政收入。因此，地方政府有推高房价水平的动机。当 DLAL 受到一个 1% 的正向冲击，DLAP 的响应在第二期达到最低谷 -0.93%，表明增加土地供应量会使房价水平降低。因此，为了提高房地产价格水平从而增加财政收入，地方政府将土地供应限制在商业和住宅项目上。据此，为了控制不断飙升的房价，建议适度增加土地供应量。

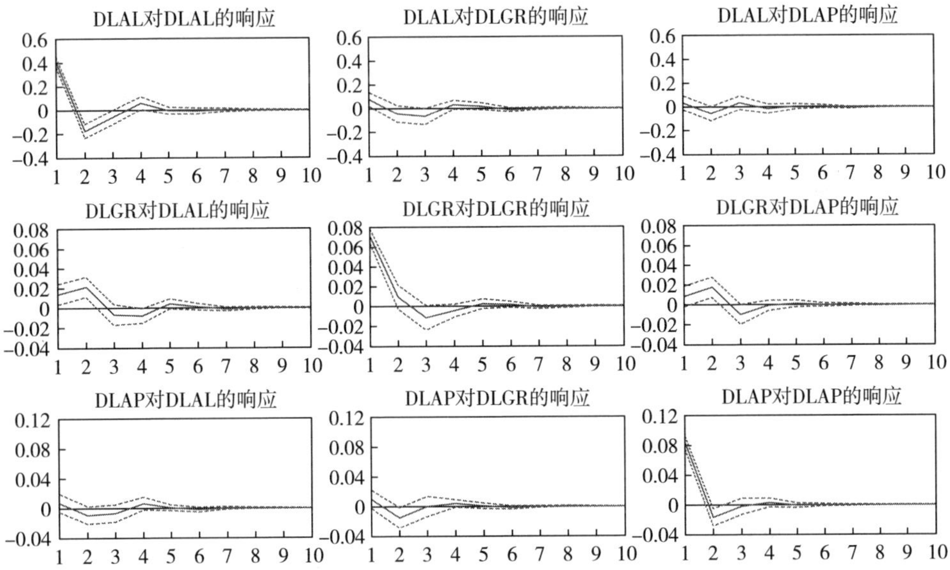

图 6－2 面板 VAR 模型（6－1）的广义脉冲响应函数结果

① “对 DLAL 的一个正向 1% 冲击”或者“一个正向 1% 的 DLAL 冲击”均表示在变量“DLAL”上的一个 1% 正向冲击，也即“土地出让面积”对数增量的一个正向标准误差变动。对“DLGR”“DLAP”“DLDL”“DLPL”“DLTR”“DLFDI”和“DLHM”的一个正向 1% 冲击，均以此类推。

银行信贷方式模型（6－2）的广义脉冲响应函数结果如图6－3所示。在DLDL受到1%的正向冲击后，DLAP的反应非常有限，第一季度为0.23%，第三季度为－0.14%。这说明银行对房地产开发企业的信贷扩张并不能大幅降低房价。因为在卖方市场中，地方政府与银行、房地产开发企业形成了共同推动房地产投资和房地产价格的联盟。当DLPL受到1%的正向冲击时，DLAP在第一季度的反应为2.11%，这表明购房贷款的扩张会增加住房需求，从而推高房价。

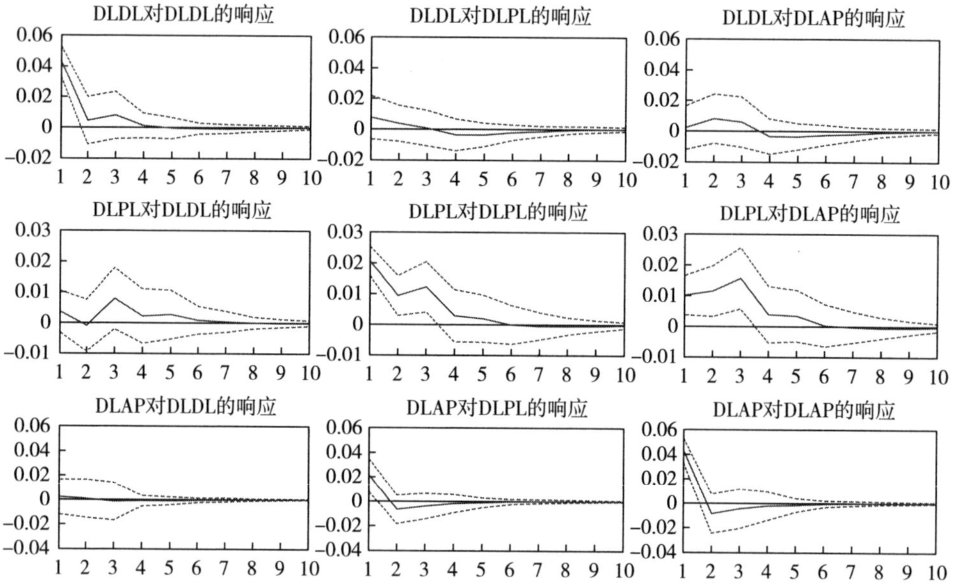

图6－3　模型（6－2）的广义脉冲响应函数结果（银行信贷）

在DLAP受到1%的正向冲击后，DLDL和DLPL都具有正向响应，分别在第二和第三季度达到峰值0.80%和1.57%。这表明房价的上涨刺激了银行向房地产行业放贷扩张。随着房价的上涨和流动性水平的提高，银行将房地产作为首要抵押品，并大幅增加了对房地产业的贷款数额。

图6－4描述了模型（6－3）即私募基金的广义脉冲响应函数结果。对于1%的DLRT正向冲击，DLAP的响应幅度在第二季度达到最大，为－0.81%，然后在第三季度变为0.42%。在我国，房地产信托产品的发行主要是基于房地产开发项目的抵押。也就是说，房地产开发企业将项目抵押给信托后，信托通过发行房地产信托产品向个人和机构募集资金，这些资金就间接流向房地产开发企业。因此，房地产信托产品可以帮助房地产开发企业获得资金，增加住房供应，这可能会降低房价。然而，大部分私人资金被个人和机构直接用于购买住房进行投资

或投机，从而增加了住房需求，导致房价上涨。

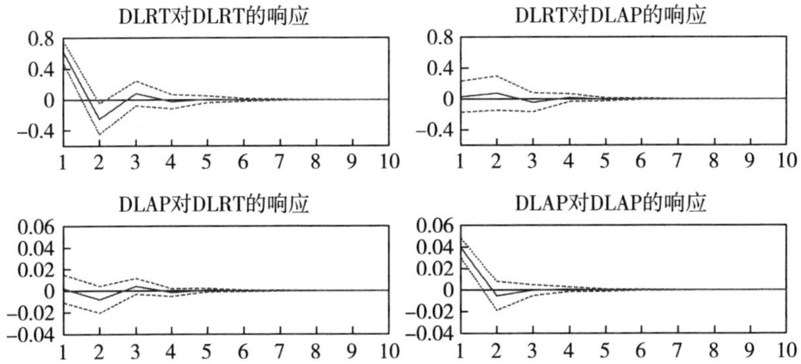

图6-4　模型（6-3）的广义脉冲响应函数结果（私募基金）

有意思的是，在 DLAP 受到 1% 的正向冲击之后，DLRT 在第一季度达到 3.0% 的峰值。这表明，房价的上涨在很大程度上引发了个人和机构对房地产信托产品的投机。

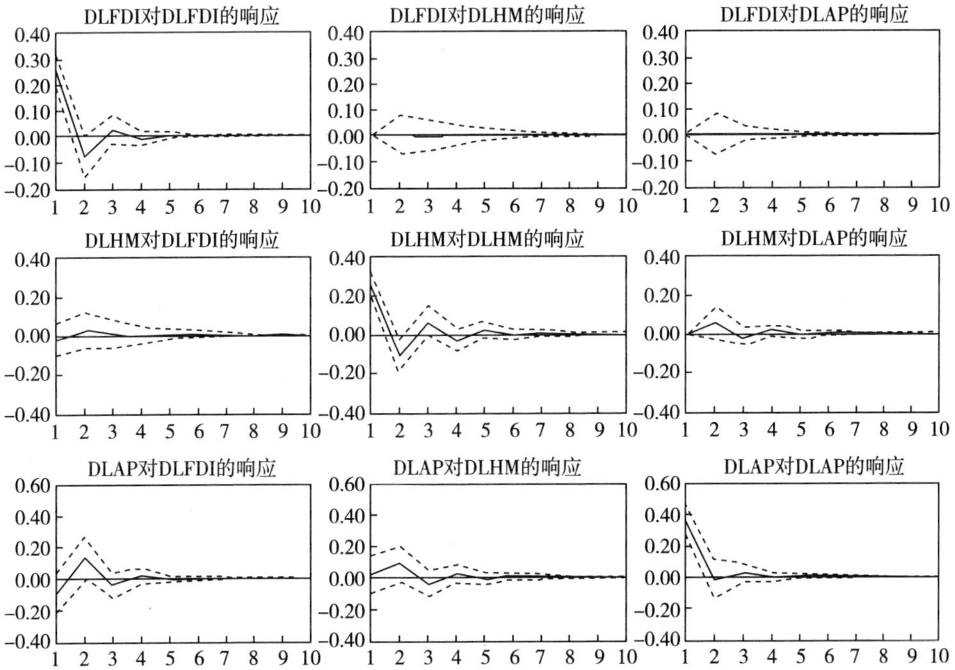

图6-5　模型（6-4）的广义脉冲响应函数结果

图 6－5 为模型（6－4）即外资的广义脉冲响应函数结果。当 DLFDI 受到 1% 的正向冲击时，DLAP 在第二季度的响应达到峰值 1.33%。经过 1% 的 DLHM 正向冲击后，DLAP 在第二季度的响应最强，为 0.73%。这意味着外资流入会刺激房价上涨。Liu（2013）认为，外资不仅可以直接用于购买土地和房屋，还可以间接促进货币供给，进而推动房价上涨。值得注意的是，在 DLAP 受到 1% 的正向冲击后，DLHM 在第二季度的响应最大，为 3.62%。这说明房价的上涨极大地刺激了热钱对房地产的投机。

基于上述分析，面板 VAR 模型表明，土地出让（DLAL）和高房价（DLAP）对地方政府一般财政收入（DLGR）均有正向影响，分别为 2.14% 和 1.77%。增加土地供应（DLAL）将降低房价（影响系数为 －0.93%）。对比三种不同来源的房地产投资资金的 VAR 模型发现，购房贷款冲击（DLPL）对房价（DLAP）的正向影响最大（2.11%），而房地产开发贷款冲击（DLDL）的正向影响非常有限。外资对房价也有重要的积极影响。DLAP 对于 DLFDI 的 1% 正向冲击的响应为 1.3%，对于 DLHM 的 1% 正向冲击的响应为 0.73%。有趣的是，银行贷款（DLDL 和 DLPL 分别为 0.8% 和 1.57%）、私募基金（DLRT 为 3.00%）和热钱（DLHM 为 3.62%）对于房价冲击（DLAP）也有非常大的正向响应。

这些与前文中讨论的一致，即地方政府有动力低价增加工业用地供应以获取未来稳定税收流财政收入和经济发展，同时限制商业和住宅土地供应以提高土地出让价格而获取预算外收入。银行为房地产业的发展提供资金，并与地方政府和房地产开发企业共同促进了房地产价格的上涨。房价的上涨吸引了来自个人、机构和外国部门的大量资金进行房地产投机，从而进一步提高了房价水平。这一过程是地方政府主导的投资驱动型增长模式，是一种不恰当、不可持续的增长战略，具有很大的风险。日本 20 世纪 80 年代开发主义模式的严重后果就是一个很好的教训。

五、结论

本章分析了地方政府主导的投资驱动型房地产价格增长模式，探讨了不同参与者，尤其是地方政府在这一过程中的作用，并实证检验了他们对房价的动态影响。主要研究结果如下：

第一，依靠对土地供应的垄断权力，地方政府以低价甚至给予补贴来提供工业用地，以此获取未来的税收流财政收入及刺激当地的经济发展，同时有限地提供商业和住宅用地以提高土地出让价格和预算外收入，从而优化他们的总财政收入。这是“土地财政”的基本内涵。此外，地方政府通过其下属的地方政府融资平台以土地抵押的方式间接获得银行贷款，大力推动工业园和开发区的拓展和建设，以此吸引工业和商业投资，从而进一步抬高土地出让价格。这一过程被称为“土地金融”。可见，在一定程度上，地方政府与银行和房地产开发企业形成了一个推动房地产开发、促进房地产投资、提高房地产价格的联盟。而不断飙升的房地产价格吸引了私人基金和外资对房地产的投机，进一步推动了房价的上涨。面板 VAR 模型证明，土地出让对地方政府一般财政收入具有较强的正向影响，这也是地方政府以较低价格增加工业用地供给的原因。房价的上涨也对地方政府的一般财政收入产生积极影响，因此地方政府有动力促进房地产投资，提高房地产价格。土地供给对房价水平有负向影响，这也是地方政府有限供应商业和住宅用地的原因。因此，地方政府在扩大房地产投资和提高房地产价格方面发挥着一定的主导作用。

第二，近年来房地产投资规模巨大，流量数据从 2003 年的 1003 亿元到 2012 年的 64456 亿元，呈现出急剧增长的趋势。银行部门提供了房地产投资的大部分资金（49.5%）。对于不同类型投资的资金来源，VAR 模型也发现购房贷款对房价的影响最大（2.14%），这表明，银行部门通过金融纽带促进了房地产投资，提高了房价水平。而房地产开发贷款对房价的影响是有限的，因为在卖方市场中，房地产开发企业将高地价转化为高房价，且通过各种营销手段抬高房价以获得更多的利润。另外，房价的上涨也对购房贷款（1.57%）和房地产开发贷款（0.8%）产生了积极影响，表明随着房价的上涨，银行业向房地产业的信贷规模也在扩大。

第三，大量的私人资金也投资于房地产，2009 ~ 2011 年占房地产总投资的 40.4% ~ 55.6%。大部分私人资金直接用于购买住房，从而增加住房需求，导致房价上涨。私人资金的 VAR 模型结果表明，房价的上涨对房地产信托产品具有很强的正向影响（3.00%）。这意味着房价的上涨吸引了来自个人和机构的大量投资和投机。

第四，来自国外的大量资金也投资于房地产，占房地产总投资的 3.4% ~ 18.3%。从外国资金的 VAR 模型发现，FDI 和热钱对房价都有很强的正向影响，分别为 1.30% 和 0.73%。这意味着外资的投机行为刺激了房价的上涨。值得注意的是，房价的上涨对热钱也有显著的正向影响（3.62%），这表明房价的上涨吸引了来自国外资金的强烈投机。

第七章　房地产引致的区域系统性金融风险：以江苏省为例

第六章分析了各部门通过金融纽带联系在一起，共同推动房地产投资和房地产价格上涨的内在机制。各个部门都积极甚至过度参与房地产市场，以分享房价上涨所带来的利益。但这种地方政府主导的投资驱动型发展模式是不可持续的，而且具有较大的金融风险。本章将以江苏省为例，分析房地产金融风险如何在部门间和城市间进行传染，从而扩散为涉及整个区域和各个部门的系统性金融风险。

一、引言

近年来，随着城镇化的发展，中国房地产市场的发展引发了一系列问题，如土地财政、地方政府高负债率和房价高涨等。由于房地产行业的区域特性和高度资金密集性，加上地方政府、银行、企业和个人的多方参与，房地产开发热潮中的资金链一旦出现问题，极易引发区域系统性金融危机。但房地产市场主导的风险在各部门（银行、地方政府、消费者）之间以及区域内各地区之间的传染机制，及其空间效应大小等问题亟待解决。江苏省是中国的经济大省之一，具有良好的金融资源条件和发达的房地产市场。同时，其经济发展呈现明显区域差异。苏南是江苏乃至中国经济最发达的区域之一；而苏北经济发展相对落后。各地区经济发展的不平衡更容易暴露其中隐藏的问题与风险。因此，本章选取江苏省的13个地级市作为研究对象，在相关理论推导基础上，从空间经济学视角，实证分析房地产市场主导的区域系统性金融风险在江苏省各部门及各市之间的空间传染效应。

二、国内外研究动态

（一）房价波动的空间效应研究

Clapp 和 Tirtiroglu（1994）最早在房地产市场的动态分析中引入空间效应发现，给定次级市场的房地产价格受相邻次级市场房地产价格的影响。随后，房价的空间扩散效应进一步得到了诸多研究的论证，如 Pollakowski 和 Ray（1997）、Loannides 和 Thanapisitikul（2008）、Brady（2011）。

国内关于房价空间效应的研究起步较晚。卢茜和林涛（2010）发现上海郊区新城房价与其到中心区域的距离显著负相关，且到达市中心区域时间因素的影响大于距离因素的影响。王鹤等（2014）发现区域房价存在空间联动效应。龙莹（2010）和郭贯成等（2014）应用地理加权模型（Geographical Weighted Regression，GWR）均发现我国房价波动存在明显的空间变异。刘贵文和王丽娟（2013）运用 GWR 模型发现，在重庆市主城区的不同空间位置，各因素与房价的关系出现正负向变化，且影响程度有明显空间差异。以上研究均发现中国房价波动存在空间差异，但省级区域及区域内部各城市之间房价的空间变异特征有待进一步研究。

可见，国际上对房价空间扩散效应的研究比较成熟，但国内研究起步较晚。虽然国内外学者认识到了房价波动存在区域、空间差异，但省级区域或区域内城市之间的空间变异和传染效应，还有待深入研究。

（二）金融风险的传染机制

近年来，国际上专门研究系统性金融风险的主要代表有 Kaufman（1995，1999）和 Schwarcz（2008）等。对于系统性金融风险的界定，本文采用 González – Hermosillo（1996）和 Kaufman（1999）从风险传染角度的定义：单个事件通过影响系统各部分，即传递至一连串机构和市场，导致多米诺骨牌效应使整个金融体系崩溃或失去功能的可能性。

目前，大部分国内外研究专注于金融市场之间的跨国传染和联动效应，如 Stehle（1977）。张晓朴（2010）指出，现有国内文献主要集中研究我国资本市场与国际资本市场的联动性。较少学者涉及我国内部跨机构的系统性金融风险的传染，如基于复杂网络的金融机构之间的风险传染机制（侯明扬，2008）。

另外，现有文献大多集中在对全国整体的宏观系统性金融风险研究，而较少分析区域系统性金融风险。且目前为数不多的关于区域金融风险的研究仅做了一些探索性工作，如构建和划分区域金融风险预警体系的框架（仲彬等，2002；姚星垣和郭福春，2008；汪祖杰和吴江，2006）和赋予指标体系权重（谭中明，2010）。宋凌峰和叶永刚（2011）指出，在区域金融风险构成中，企业部门和公共部门是主要风险来源，并分析了区域金融风险在部门之间的传递。

由上可知，国内外学者非常关注金融风险，且形成了体系化的研究。但现有研究主要集中在金融风险的跨国传染和联动效应，或是分析金融系统整体风险对实体经济的影响，而关于我国境内区域系统性金融风险的研究非常匮乏。结合目前我国土地财政和房地产市场资金链的现状来分析区域系统性金融风险传导机制的研究尚未开始。Su 和 Tao（2010）指出，地方政府、房地产开发商和银行通过金融纽带，形成了共同促进城市扩张的联盟。根据系统性风险的生成与传递逻辑，当资金链某个部分发生极端风险时，该风险会在整个系统进行传染，造成严重的实体经济冲击。

本章正是立足于此，从空间经济学视角，以具有明显区域经济差异的江苏省作为研究对象，探讨房地产市场引致的风险在江苏各部门（银行、地方政府、消费者）及各市之间的传染机制和空间效应。本章第三部分通过理论模型推导，分析了房地产风险对金融部门的传染效应及其对其他邻近地区的空间传染效应。第四部分运用空间面板数据模型分析了江苏省 13 个地级市的房地产风险，在各部门及各地区之间的空间传染效应。第五部分为结论。

三、房地产风险传染机制的理论分析

（一）房地产风险在金融体系中的传染

借鉴 Anen 和 Gale（1998）提出的资产价格泡沫与银行信贷风险模型，齐讴歌（2012）从银行贷款视角建立了一个房地产价格泡沫破裂影响金融业的理论模型。

1. 基本假定

假定有两个时期 T1 和 T2。市场资产由供给不固定的无风险资产（包括银行存款和国债等）、供给固定为 1 个单位的风险资产（即房地产）与一种消费品组成。且无风险资产的生产函数满足新古典假设：

$$f'(x)>0,\ f''(x)<0,\ f'(\infty)=0$$

当经济达到均衡时，无风险资产的收益率等于资本边际产出，记为 $r=f'(x)$。

假定消费者投资风险资产可获得收益率 R，且 R 是随机变量，取值区间为 $[0, R_{max}]$，其概率密度函数记为 h（R）。消费者投资风险资产的成本函数是 c（x），且满足新古典假设：

$$c(0) = c'(0) = 0,\ c'(x) > 0,\ c''(x) > 0$$

假设众多风险中性投资者存在于市场中，他们从银行贷款进行投资。假定同时存在大量风险中性银行，为投资者提供贷款量 B，但不直接进行投资。均衡状态时，投资者获取银行贷款的利率与无风险资产的收益率相等。

2. 模型推导

若投资者的投资收益小于银行贷款，则投资者破产；相反，若投资者的投资收益大于银行贷款，则偿还贷款后的盈余为投资者收益。设投资者投资了数量 X_S 的无风险资产和数量 X_R 的风险资产，风险资产在时期 T1 的价格为 P，则在时期 T2 投资者的收益为：

$$rX_S + RX_R - r(X_S + PX_R) = RX_R - rPX_R$$

那么，投资者的决策问题即：

$$\max\int_0^{R\max}(RX_R - rPX_R)h(R)dR - c(X_R) \tag{7-1}$$

其中，$R^* = rP$。若风险资产收益率小于 R^*，投资者将无法偿还银行贷款从而破产。之前模型假定了风险资产数量为 1 个单位，也就是 $X_R = 1$ 那么信贷市场出清条件如下：

$$X_S + P = B \tag{7-2}$$

将 $X_R = 1$ 代入式(7－1)，且求其一阶条件：

$$\int_{R^*}^{R\max}(R - rP)h(R)dR - c'(1) = 0 \tag{7-3}$$

将式(7－2)变形得到 $X_S = B - P$，无风险资产收益率变为：

$$r = f'(B - P) \tag{7-4}$$

基于式(7－3)和式(7－4)，如果给定贷款数量 B 和风险资产收益率 R，则均衡价值由风险资产价格 P 和无风险利率 r 共同决定。

假设投资者拥有自由财富 B，其决策问题转化为：

$$\max\int_0^{R\max}(rX_S + RX_R)h(R)dR - c(X_R)$$

$$\text{s. t. } X_S + PX_R = B \tag{7-5}$$

对比式(7－5)和式(7－1)可知，在式(7－5)所描述的情况下，当投资者运用自由财富进行投资时不存在破产导致的风险转移问题。

因此，将约束条件 $X_S + PX_R = B$ 代入式(7－5)，且求其一阶条件可得：

$$\int_{R^*}^{R\max}Rh(R)dR - rP = c'(X_R) \tag{7-6}$$

依据模型的假定 $X_R=1$，代入式(7－6)可得风险资产的基础价格为：

$$\bar{P}=\frac{1}{r}[R-c'(1)] \tag{7-7}$$

式(7－6)表明，风险资产价格等于投资者投资净收益的折现价值。据此，如果存在银行贷款，则风险资产可以表示为：

$$P=\frac{1}{r}\frac{\int_{R^*}^{R_{max}}Rh(R)dR-c'(1)}{Pr(R\geq R^*)} \tag{7-8}$$

变换式(7－8)如下：

$$rP=\frac{\int_{R^*}^{R_{max}}Rh(R)dR-c'(1)}{Pr(R\geq R^*)}=\frac{\int_{0}^{R_{max}}Rh(R)dR-c'(1)-\int_0^{R^*}Rh(R)dR}{Pr(R\geq R^*)}$$

$$=\frac{r\bar{P}-\int_0^{R^*}Rh(R)dR}{Pr(R\geq R^*)}$$

因为 $\int_0^{R^*}Rh(R)dR\leq R^*Pr(R<R^*)$，将 R^* 的临界值 $r\bar{P}$ 代入式(7－8)，则：

$$rP\geq\frac{r\bar{P}-r\bar{P}Pr(R<R^*)}{Pr(R\geq R^*)} \tag{7-9}$$

由于 $Pr(R\geq R^*)=1-Pr(R<R^*)$，式(7－9)可简化为：$P\geq\bar{P}$。在满足条件 $R<R^*$ 时，即投资者从银行贷款进行投资存在破产可能性时，则银行信贷均衡中会有资产价格泡沫，也即 $P\geq\bar{P}$。

综上，在风险和收益不对称的情况下，风险会转嫁到金融体系，导致风险资产过度投资，引发资产价格泡沫。在宽松货币政策下，信贷扩张，会刺激资产泡沫的膨胀。

如果央行将货币政策从宽松调整为紧缩，资产价格将会如何变化？通过增加一个 T0 时期的模型分析，可以看到银行贷款增长的不确定性将引起资产泡沫破裂，进而导致金融危机。

假定时期 T0 在时期 T1 和时期 T2 之间。在时期 T1 中，投资者的贷款数量为 B，是一个服从密度为 k(B) 的连续分布于 $[0, R_{1max}]$ 的随机变量。进而，在时期 T1 风险资产的价格 $P_1(B_1)$ 也是随机变量，投资数量设为 X。在时期 T2 中，风险资产的投资收益率设为定值 R_C，以便于分析。那么，在时期 T0 中的决策问题可表达为：

$$\max\int_{B_1^*}^{B_{1max}}[P_1(B_1)X_{0R}-r_0P_0X_{0R}]k(B_1)dB_1-c(X_{0R}) \tag{7-10}$$

其中，r_0 是时期 T0 中的无风险收益率，P_0 是时期 T0 中的风险资产价格，X_{0R}是时期 T0 中的无风险资产数量；B_1^* 是时期 T1 中的银行贷款临界值，且 $P_1(B_1^*)=r_0P_0$。类似地，$X_{0R}=1$，$X_{0S}+P_0X_{0R}=B_0$，$r_0=f'(X_{0S})$。将这些条件都代入式(7-10)，且求其一阶条件得到：

$$\int_{B_1^*}^{B1max}[P_1(B_1)-P_1(B_1^*)]k(B_1)dB_1-c'(1)=0 \tag{7-11}$$

其中，无风险资产收益率 $r_0=f'(B_0-P_0)$。

如果投资者拥有自由财富 B，资产的基础价格：

$$\bar{P}_0=\frac{1}{r_0}\{E[P_1(B_1)]-c'(1)\}$$

但信贷条件下的资产基础价格为：

$$P_0=\frac{1}{r}\frac{\int_{B_1^*}^{B1max}P_1(B_1)k(B_1)dB_1-c'(1)}{Pr(R\geqslant R^*)}$$

由此可见，与之前的证明相同，只要投资者有破产的可能性，就会有 $P_0>\bar{P}_0$，即信贷条件下的基础价格大于没有信贷条件下的基础价格。

基于以上的模型分析，我们可以认为，银行信贷使投资者将投资过程中的风险转移给了银行。这种风险转嫁是资产价格泡沫产生的根源。

3. 模型分析

更进一步地，如果银行信贷出现大幅波动，资产价格会如何变化，是否会导致金融危机？通常，银行实际贷款数量不一定与投资者期待获得的贷款数量一致。但投资者对获取贷款数量的预期会反映到资产价格中，进而引起资产泡沫的产生。当银行贷款数量小于投资者预期时，资产价格将下降，当资产价格下降到一定程度时投资者就会破产。如此，资产价格下降带来的风险就转嫁给了银行，银行会因无法收回当期贷款而减少未来贷款量，未来贷款量的减少又会引起资产价格的进一步下降，直到金融危机的出现。

式(7-11)可转变为：

$$\int_{B_1^*}^{B1max}[P_1(B_1)-P_1(B_1^*)]k(B_1)dB_1=c'(1) \tag{7-12}$$

其中，$c'(1)$为投资者投资风险资产的交易成本。当 $c'(1)$变小，则等号左侧的多项式值也必然变小，此时，$B_1^*\rightarrow B_{1max}$。交易成本的降低会吸引更多投资者参与投资，进而推动风险资产价格的进一步上涨。若时期 T1 的银行贷款数量小于投资者的预期，资产价格将跌到投资者预期的泡沫水平以下，投资者会大量破产，银行无法收回贷款，进而出现银行的大量倒闭或地区性金融危机。

(二)房地产风险的空间传染效应

借鉴曹振良和傅十和(2000)的模型，假设房地产泡沫已存在于一个城市，通过在需求方程中加入价格预期，可形成供求双重预期模型，如下：

$$\begin{cases} S_t = a + b\hat{P}_t^s \\ D_t = e - fP_t + g\hat{P}_{t+1}^d \\ \hat{P}_t^s = E_{t-1}P_t = dP_{t-1} \\ \hat{P}_{t+1}^d = E_tP_{t+1} = cP_t \\ S_t = D_t \end{cases} \tag{7-13}$$

其中，a、b、c、d、e、f、g 均为非负值。S_t、D_t 和 P_t 分别表示 t 期房地产的供给量、需求量和价格。P_t 的预期值为$\hat{P}_t$，其中，$\hat{P}_t^s$ 和$\hat{P}_t^d$ 分别代表房地产供给方和需求方对价格的预期。

当期房地产市场供给量由上期对本期价格的预期决定，也就是说，本期供给量是前一期对本期价格预期的函数；而当期房地产市场需求取决于本期价格和对下一期价格的预期。此处将期望表示为对价格的预期。房地产商在上期对本期价格的预期为$\hat{P}_t^s = E_{t-1}P_t = dP_{t-1}$，当预期市场价格上升，则 $d>1$；当预期市场价格下降，则 $0<d<1$。同样，需求方在本期对下期价格的预期为$\hat{P}_{t+1}^d = E_tP_{t+1} = cP_t$，当预期市场价格上升，则 $c>1$；当预期市场价格下降，则 $0<c<1$。g 为由投资或投机引发的市场需求的占比，当市场中只有真实需求时，$g=0$。

解方程组(7-13)得：

$$P_t = \frac{bd}{gc-f}P_{t-1} + \frac{a-e}{gc-f} \tag{7-14}$$

将 P_0 代入式(7-14)进行迭代，可得：

$$P_t = \left(\frac{bd}{gc-f}\right)^t P_0 + \frac{a-e}{gc-f-bd}\left[1-\left(\frac{bd}{gc-f}\right)^t\right] \tag{7-15}$$

其中，当 a、b、c、e、f、$g \geqslant 0$，且 $bd > gc-f > 0$ 时，房地产价格将从某时点开始单调发散，不断上升。其他条件不变的情况下，d 越大，即房地产商预期下一期价格越高，则价格发散程度越大，泡沫产生的可能性也越高。当 $gc<f$，表示当期的真实需求大于投资或投机性需求，此时，若 c 越大，表明投资者预期下一期房地产价格越高，则 P_t 发散的可能性也越高。相反，若 $gc>f$，表示当期投资或投机性需求大于真实需求，c 变大，投资者预期下一期房地产价格上涨，则 P_t 会趋向于收敛。

假定城市 A 的房地产价格不断上升，且引起投资者关注，使其对城市 B 的房地产价格预期上涨，则新的投资者会进入城市 B，从而增加城市 B 的市场需求。设由此带来的市场需求增大π，表示由预期改变带来的需求冲击，则需求方程变为：

$$D_t = e - fP_t + g\hat{P}^d_{t+1} + \pi$$

保持 S_t 不变，求解方程组(7－13)，可得

$$P_t = \frac{bd}{gc-f}P_{t-1} + \frac{a-c}{gc-f} - \frac{\pi}{gc-f} = \left(\frac{bd}{gc-f}\right)^t P_0 + \frac{a-e-\pi}{gc-f-bd}\left[1-\left(\frac{bd}{gc-f}\right)^t\right] \quad (7-16)$$

对比式(7－14)和式(7－16)可得，预期改变带来的需求冲击π使房价变动了 $\frac{\pi}{gc-f-bd}\left[1-\left(\frac{bd}{gc-f}\right)^t\right]$。

假设城市B的房地产价格在时点t处于均衡状态，价格由市场基础决定，则此时，$g=0$。当 $|bd| < |-f|$ 时，城市B的房地产价格可由式(7－15)转变为：

$$P^B_t = \left(\frac{bd}{-f}\right)^t P_0 + \frac{a-e}{-f-bd}\left[1-\left(\frac{bd}{-f}\right)^t\right]$$

当 $t\to\infty$ 时，$\left(\frac{bd}{-f}\right)^t \to 0$，$P^B_t \to \frac{a-e}{-f-bd}$。

由于城市A的房价上涨，城市B房地产需求增加了π，则：

$$P^B_{t+1} = \frac{bd}{-f}P_t + \frac{a-e}{-f} + \frac{\pi}{f}$$

城市B房价上涨会带来投资性需求g和房地产商预期价格d的同时上升，当涨幅达到一定程度时，若 $bd > gc - f > 0$，则房价将趋于发散，即

$$P^B_{t+2} = \frac{bd}{gc-f}P_{t-1} + \frac{a-c}{gc-f} > P^B_{t+1}$$

城市B的房价将沿着式(7－15)的路径 $P^B_t = \left(\frac{bd}{gc-f}\right)^t P_0 + \frac{a-e}{gc-f-bd}\left[1-\left(\frac{bd}{gc-f}\right)^t\right]$，不断增长膨胀，并随着投资性需求g和房地产商预期d的上升，将偏离时点t的初始均衡价格 $P^B_t = \frac{a-e}{-f-bd}$。由此可见，城市A的房价泡沫通过改变投资性需求冲击和对城市B的房价预期，向城市B传导，最终实现房地产泡沫在城市间的传染。

四、实证分析

(一)空间面板计量模型

以Anselin(1988)明确定义空间相关性为开端，空间计量经济模型得到了快

速的发展和广泛的应用。Baltagi(2001)、Elhorst(2003)等将空间滞后误差项和空间滞后被解释变量引入传统的面板模型中。Anselin 等(2008)指出，在地理空间维度内必须考虑空间依赖性。一方面，因变量中可能存在内生交互效应，所以空间面板数据模型应该包含因变量的空间滞后项，即空间滞后模型(Spatial Lag Model，SLM)；另一方面，由于模型不可能包含所有解释变量，所以需要纳入误差项中可能存在的交互效应，即空间误差模型(Spatial Error Model，SEM)。LeSage 和 Pace(2009)提出，若不考虑解释变量中可能存在的空间依赖性，会导致有偏估计，从而提出了既包括空间因变量滞后项，又包括空间自变量滞后项的空间杜宾模型(Spatial Durbin Model，SDM)。

1. 空间面板滞后模型

空间滞后模型(SLM)的一般形式如下：

$$y_{it} = \delta \sum_{j=1}^{N} W_{ij} y_{jt} + \alpha + X_{it}\beta + u_i + \lambda_t + \varepsilon_{it} \tag{7-17}$$

其中，y_{it}为地区 i 时点 t 的因变量观测值，$i=1, \cdots, N$；$t=1, \cdots, T$。δ 为空间自回归系数，刻画邻近区域因变量对本区域因变量的影响方向和程度。W_{ij}为 N×N 阶空间权重矩阵；$\sum_{j=1}^{N} W_{ij} y_{jt}$ 代表因变量 y_{it}之间存在的内生交互效应，体现空间依赖性。X_{it}是 1×K 阶的自变量观测值向量，β 是一个 K×1 阶自变量 X_{it}的未知参数向量，K 为自变量个数。α、u_i 和 λ_t 分别代表常数项、地区固定效应和时间固定效应。ε_{it}是随机误差项，服从期望为 0，方差为 σ^2 的标准正态分布。

2. 空间面板误差模型

空间误差模型(SEM)的一般形式如下：

$$y_{it} = \alpha + X_{it}\beta + u_i + \lambda_t + \phi_{it}$$

$$\phi_{jt} = \rho \sum_{j=1}^{N} W_{ij} \phi_{jt} + \varepsilon_{it} \tag{7-18}$$

其中，ϕ_{jt}是随机误差项向量。$\sum_{j=1}^{N} W_{ij}\phi_{it}$ 代表不同区域的干扰项之间存在的交互效应，体现空间依赖性。ρ 是空间自相关系数，刻画邻近区域因变量的误差冲击对本区域因变量的影响方向和程度。

3. 空间面板杜宾模型

空间杜宾模型(SDM)的一般形式如下：

$$y_{it} = \delta \sum_{j=1}^{N} W_{ij} y_{jt} + \alpha + X_{it}\beta + \sum_{j=1}^{N} W_{ij} X_{jt}\theta + u_i + \lambda_t + \varepsilon_{it} \tag{7-19}$$

其中，$\sum_{j=1}^{N} W_{ij} X_{jt}$ 代表自变量之间存在的外生交互效应，体现空间依赖性，即邻近区域的自变量对本区域自变量的影响，其影响方向和程度由一个 K×1 阶的未知参数向量 θ 表示。空间杜宾模型既包含了因变量之间的内生交互效应

$\sum_{j=1}^{N} W_{ij} y_{jt}$，也包含了自变量之间的外生交互效应 $\sum_{j=1}^{N} W_{ij} X_{jt}$，能够把空间滞后模型和空间误差模型进行一般化，所以在数据拒绝非空间模型而支持空间滞后或空间误差模型，且空间杜宾模型不被拒绝时，最好采用这个更一般的模型（Elhorst，2015）。

4. 空间杜宾模型的直接和间接效应

LeSage 和 Pace（2009）提出了自变量的直接和间接效应，以此来检验空间交互效应。直接效应是指，一个特定地区中的特定解释变量对本地区被解释变量的影响，由所有地区特定解释变量所引起的当地被解释变量变化总和的平均值代表；间接效应是指，一个特定地区中的特定解释变量对其他地区被解释变量的影响，等于所有地区的一个特定解释变量的变化对于其余相邻地区被解释变量影响总和的平均值。其中总效应表示所有地区特定解释变量对当地被解释变量和其余相邻地区被解释变量影响总和的平均值。由于直接效应中包括本地区作用于相邻地区而相邻地区再作用于本地区的一个反馈效应，所以模型（7－19）中的 β 不能代表直接效应。总效应则为直接效应与间接效应之和。空间杜宾模型的矩阵形式如式（7－20）所示：

$$Y = \rho WY + X\beta + WX\theta + l_n\alpha + \varepsilon \tag{7-20}$$

可将式（7－20）变形如下：

$$(I_n + \rho W)Y = X\beta + WX\theta + l_n\alpha + \varepsilon$$

$$y = \sum_{r=1}^{k} S_r(W)x_r + V(W)l_n\alpha + V(W)\varepsilon$$

$$S_r(W) = V(W)(I_n\beta_r + W\theta_r)$$

$$V(W) = (I_n - \rho W)^{-1} = I_n + \rho W + (\rho W)^2 + (\rho W)^3 + \cdots \tag{7-21}$$

将模型（7－21）从一个地区的一个变量扩展为 n 个地区的一个变量，可得：

$$\begin{pmatrix} y_1 \\ y_2 \\ \vdots \\ y_n \end{pmatrix} = \begin{pmatrix} S_r(W)_{11} & S_r(W)_{12} & \cdots & S_r(W)_{1n} \\ S_r(W)_{21} & S_r(W)_{22} & \cdots & S_r(W)_{2n} \\ \vdots & \vdots & \ddots & \vdots \\ S_r(W)_{n1} & S_r(W)_{n2} & \cdots & S_r(W)_{nn} \end{pmatrix} \begin{pmatrix} x_{1r} \\ x_{2r} \\ \vdots \\ x_{nr} \end{pmatrix} + V(W)l_n\alpha + V(W)\varepsilon \tag{7-22}$$

如式（7－22）所示，直接效应为等号右侧自变量系数矩阵中对角线元素的均值；间接效应则等于非对角线元素的均值，总效应为两者之和。则总效应、直接效应和间接效应计算公式如下：

$$\bar{M}(r)\,\text{total} = n^{-1} l'_n S_r(W) l_n$$

$$\bar{M}(r)\,\text{direct} = n^{-1} \text{tr}(S_r(W))$$

$$\bar{M}(r)\,\text{indirect} = \bar{M}(r)\,\text{total} - \bar{M}(r)\,\text{direct} \tag{7-23}$$

(二)数据与建模

实证分析以江苏省的13个地级市(南京、无锡、徐州、常州、苏州、南通、连云港、淮安、盐城、扬州、镇江、泰州、宿迁)作为研究对象，搜集了其2003~2012年的面板数据。其中，用各地区的商品房销售价格(HP)作为被解释变量，代表房地产市场价格水平。以各地区金融机构各项贷款余额(LB)与国民生产总值(GDP)的比值代表信贷规模水平，记为LB/GDP。由于中国存在严重的土地财政现象，地方政府通过垄断土地使用权的出让以获取高额土地出让金，是房地产市场风险的来源之一。因此，选取各地区的土地出让金(LTF)作为解释变量之一。同时，采用各地区的商品房销售面积(HSS)代表房地产市场需求水平。以上变量除LB/GDP外，其他都以对数形式进入模型，也即解释变量为loghp，被解释变量有3个，分别为lb/gdp、logltf、loghss。另外，通过采用各地区的经纬度，利用Matlab软件生成空间权重矩阵W。数据来源于各年份的《江苏统计年鉴》、CEIC数据库，以及江苏省各地区各年份的《国民经济和社会发展统计公报》。

将上述解释变量lnhp与被解释变量lb/gdp、logltf、loghss分别代入模型(7-17)、模型(7-18)、模型(7-19)，可以得到空间滞后模型、空间误差模型和空间杜宾模型。首先，运用Matlab软件计算出MoranI检验，得到MoranI指数值为0.30且在1%的水平上显著，说明被解释变量loghp之间存在显著的空间相关性，适合建立空间面板数据模型。然后，对空间杜宾模型进行Wald和LR检验，检验结果如表7-1所示。Wald检验和LR检验均表明建立空间杜宾模型要优于建立空间滞后模型、空间误差模型。因此，在式(7-19)的基础上，建立空间杜宾模型如下：

$$loghp_{it} = \delta \sum_{j=1}^{13} W_{ij} loghpo_{jt} + \alpha + [(lb/gdp)_{it}, lgltf_{it}, loghss_{it}]\beta + \sum_{j=1}^{13} W_{ij} [(lb/gdp)_{jt}, logltf_{jt}, loghss_{jt}]\theta + u_i + \lambda_t + \varepsilon_{it} \quad (7-24)$$

其中，i=1，…，13；t=1，…，10。

表7-1 Wald和LR检验结果

检验	统计值	P值
Wald_ spatial_ lag	6.7489	0.0803
LR_ spatial_ lag	10.1502	0.0173
Wald_ spatial_ error	8.4408	0.0377
LR_ spatial_ error	11.1854	0.0108

（三）实证结果分析

由于2003～2012年的样本期间内，国家不断采用各种经济金融政策对房地产市场进行调控，所以采用时间固定效应的空间杜宾模型以排除不同时期内的外在因素所带来的影响。为了方便比较，同时估计了无固定效应的空间滞后模型（SLM）和空间杜宾模型（SDM），以及时间固定效应的SLM和SDM。各变量的系数估计结果如表7－2所示。从R^2值和log－likelihood值可以看出，SDM的拟合效果优于SLM，且时间固定效应模型的拟合效果又优于无固定效应模型。四个模型结果均表明，解释变量lb/gdp、logltf和loghss的系数显著为正，在时间固定效应的SDM中取值分别为0.26、0.09和0.14，说明信贷规模扩展、土地出让金和商品房需求的提高都会推动房价的上升。W×logph的系数在1%的水平上显著为正，取值为0.47～0.65，高于其他变量系数，说明各地区房价之间存在明显的空间交互效应。其他邻近地区房价的上升，会带来本地区房价的显著上涨。在时间固定效应的SDM中，W×logltf的系数在5%的水平上显著为正，取值为0.25，表明其他邻近地区土地出让金的提高会显著地刺激本地区土地出让金的上升，说明在一级土地出让市场上，江苏省13个市级地方政府之间存在模仿效应。

表7－2 无固定效应的SLM和SDM以及时间固定效应的SLM和SDM的估计结果

变量	SLM无固定效应	SDM无固定效应	SLM时间固定效应	SDM时间固定效应
截距项	0.717542***	0.476713*	—	—
W×logph	0.651976***	0.630966***	0.610986***	0.466995***
lb/gdp	0.248833***	0.240638***	0.233454***	0.258860***
logltf	0.081643***	0.065872*	0.084494***	0.085014***
loghss	0.143715***	0.159508***	0.159338***	0.138942***
W×lb/gdp	—	－0.012972	—	0.126530
W×logltf	—	0.069080	—	0.253971**
W×loghss	—	－0.073231	—	－0.171806
R^2	0.9293	0.9303	0.9333	0.9358
log－likelihood	73.268043	74.691674	77.013307	81.970208

注：***、**、*分别代表在1%、5%和10%的水平上显著。

表7－3展示了四个模型各变量的直接效应、间接效应和总效应。四个模型均表明三个解释变量的直接效应显著为正，效应大小依次为lb/gdp、logltf、loghss，且大于在表7-2中它们相对应的系数，表明银行信贷扩张、市场需求、政府土地财政是推动本地区房价上涨的主要因素，而且它们还会通过推动本地区房价上涨从而提升相邻地区房价，进而通过相邻地区房价的反馈效应进一步推动本地区房价的上涨。SLM模型表明，三个解释变量还具有显著的间接效应，即其他地区信贷扩张、土地财政和市场需求的上涨会促进本地区房价的上升，而且其间接效应远大于其直接效应。这说明，银行、地方政府、消费者对房地产市场的参与存在很显著的空间区域传染效应，其他邻近地区银行、地方政府、消费者对房地产的参与热情，会带来本地区房地产市场的开发热潮。SDM模型也表明土地出让金具有显著的间接效应，且远大于其直接效应，再次证明了各地区之间地方政府的土地财政行为具有明显的模仿效应。

表7-3 各变量的直接效应、间接效应和总效应

模型	变量	直接效应	间接效应	总效应
SLM无固定效应	lb/gdp	0.279722***	0.454718***	0.734441***
	logltf	0.090800***	0.143844***	0.234645***
	loghss	0.161176***	0.257691***	0.418867***
SDM无固定效应	lb/gdp	0.262475***	0.371966	0.634441*
	logltf	0.083586***	0.280443**	0.364029***
	loghss	0.163203***	0.072544	0.235747
SLM时间固定效应	lb/gdp	0.258872***	0.371800**	0.630672***
	logltf	0.093181***	0.131809**	0.224990**
	loghss	0.177060***	0.254923**	0.431984***
SDM时间固定效应	lb/gdp	0.279074***	0.439767	0.718841
	logltf	0.112944***	0.540928**	0.653872**
	loghss	0.128196**	-0.188293	-0.060097

注：***、**、*分别代表在1%、5%和10%的水平上显著。

以上分析结果表明，江苏省13个地级市之间的房地产价格的波动具有显著的正向空间传染效应。银行信贷扩张、地方政府土地财政、消费者购买需求是推动房价上涨的主要因素，而且它们会大幅度地推动邻近地区房价的上涨。这跟第二部分的理论模型分析一致。邻近城市房价上涨，会使消费者提高对本地区房价上涨的预期，从而增加本地区房地产需求，进而引起本地区房价上涨。银行信贷扩张具有溢出效应。邻近地区消费者获得更多的银行贷款后，可以购买本地区的房产进行投资，从而推动本地区房价的上升。各地区间地方政府的土地财政行为则具有模仿效应。邻近地区地方政府通过抬高商业用地使用权出让价格，从而提高土地出让金，增加财政收入，再将提高的财政收入投入基础设施建设，刺激经济发展，那么本地区地方政府也会模仿这种发展路径，提高商业用地价格。尤其是目前以经济效益作为主要绩效考核指标的评价体系，很大程度上刺激了地方政府的土地财政行为。

房地产价格上升不仅能传染邻近地区，而且银行信贷扩张、地方政府土地财政行为、消费者需求增加都能促进邻近地区房价的上涨，如此，以房地产市场为中心，区域间形成了一个复杂的房地产市场参与空间网络。一旦一个地区的房地产市场出现泡沫，则泡沫风险会通过这个区域空间网络传导至邻近地区的房地产市场、银行、地方政府和消费者。一个地区房价下跌，会导致其他邻近地区房价的下跌，带来本地区和其他邻近地区银行贷款无法收回，地方政府无法偿还负债，消费者投资失败，极易引发区域系统性的金融危机。

五、结论

在理论模型推导的基础上，本文运用空间面板数据模型 SLM 和 SDM，利用江苏省 13 个地级市 2003～2012 年的面板数据，实证分析了房地产风险在各市及各部门之间的空间传染效应。主要结论如下所示：

（1）本地区房地产价格的上涨会传染其他邻近地区，显著推动其他邻近地区房价的上涨。理论模型和实证分析都表明了房地产价格在邻近地区之间的空间传导效应。而且空间面板数据模型表明邻近地区房价对本地区房价的影响系数甚至大于本地区银行信贷对房价的影响系数。当一个地区存在房地产泡沫时，会带动其他邻近地区房价的上涨，促使这些地区也产生房地产泡沫风险。

（2）银行信贷、土地出让金和商品房销售面积不仅对本地区房价有正向作用，而且能带来其他邻近地区房价的上涨。银行信贷扩张对房价的正向影响具有溢出效应。其他邻近地区消费者获得贷款可以到本地区购买房地产，增加市场需求，推动本地区房价上涨。地方政府的土地出让行为具有模仿效应。当本地地方政府看到其他邻近地方政府，通过抬高商业用地价格，获取高额土地出让金从而增加财政收入以获取高绩效评价时，它会模仿这些地方政府的行为，抬高土地出让价格，导致本地区房价上涨。邻近地区商品房销售面积的上涨，需求的增加，会带来消费者对本地区房价上涨的预期，从而增加本地区房价的投资性需求，推动房价的上升。也就是说，当一个地区银行、政府和消费者或投资者过度参与房地产市场，导致市场过热而发生风险时，会推动其他邻近地区房地产市场的发展热潮，进而引致风险。

（3）房地产价格的空间传染效应，以及银行、地方政府、消费者参与房地产市场的行为对邻近地区房价的推动作用，在区域内各地区之间构成了一个以房地产市场为中心的空间传导网络。一个地区的房地产风险，不仅会传染本地区的银行、政府、消费者，还会通过这个网络传染邻近地区的房地产市场及其银行部门、政府部门和消费者，从而引发区域系统性金融风险。

第八章　房价波动与金融风险的空间传染效应

一、研究背景

许多研究分析了资产价格波动特别是房价波动作为金融危机触发事件的关键作用（Danielsson 和 Zigrand，2008；Reinhart 和 Rogof，2009）。但是，房价波动引发的金融风险如何跨部门、跨省域传导，还有待进一步分析。只有理清这个问题，才能避免房价波动带来的金融风险扩散，从而避免对经济的冲击。中国的情况尤其如此，地方政府积极参与房地产市场，不同地区之间存在着巨大的经济发展差距。相信与西方国家不同的、有意思的结果将会被揭示（Wang H. 和 Wang K.，2012）。

资产价格的暴跌是市场上最重要的不利信息，尤其是房地产和商业地产价格的暴跌（Reinhart 和 Rogoff，2009）。它会引起投资者的集体恐慌，导致金融机构的损失，从而引发系统性风险。Herring 和 Wachter（1999）指出，由于短视、激励不当、数据不足、分析的脆弱性等原因，银行低估了房地产市场的借贷风险，助长了房地产的虚假繁荣，诱发了金融风险。Goet（2009）认为，房价的上涨降低了银行对房地产风险的预估，导致以不合理的低利率对房地产行业进行了过度放贷，从而进一步积累风险资产。一旦基本面逆转，就可能发生金融危机。房价下跌将增加主动违约的可能性（Deng 等，1996；Downing 等，2005；Capozza 和 Order，2011），从而造成巨大的贷款损失和财务风险（Danielsson 和 Zigrand，2008）。

有部分学者探讨了房价波动如何影响金融体系的传导机制，主要从以下三个方面分析了房地产信贷风险对银行体系稳定性的影响：第一，房地产价格波动通过改变抵押品的价值来影响金融和经济体系中的信贷总量（Bernanke 等，1996；

Kiyotaki 和 Moore，2002）。第二，房地产价格波动影响企业和银行资本的流动，从而影响经济体系中的信贷（Shin，2008；Chen，2001）。第三，房地产价格波动通过财富的再分配影响市场的流动性状态，从而引起银行贷款分布的变化和系统性风险的传导（Pavlova 和 Rigobon，2008）。

房价冲击可能导致银行危机，并可能进一步蔓延至金融体系，引发金融危机。Chan、Hendershott 和 Sanders（1990）将单一银行运行模型扩展为多银行运行模型，解释了房价波动会导致银行风险的羊群效应和大量银行倒闭的原因。Hasman 和 Samartin（2008）认为，完善的市场结构能够有效抵御外部冲击；然而，银行间市场结构往往不完善而有利于危机传导。Murphy 等（2009）认为，银行间市场的相关性、市场信息的有效性以及金融机构支付清算系统的安全性是风险蔓延的重要因素，影响银行风险的传递。因此，现有文献主要关注房地产信贷风险如何影响银行系统的传导机制以及银行间的风险传染。然而，其他行业也可能受到房价波动带来的金融风险的影响，在中国尤其如此。在中国，地方政府、房地产开发商以及个人和家庭在房地产市场上扮演着重要角色。因此，分析房价波动带来的金融风险是如何传导到我国各部门的就显得尤为重要。

Pollakowski 和 Ray（1997）、Brady（2011）、Hui 等（2016）以及 Cohen 等（2016）等所做的诸多研究都证明了房价波动的空间传导效应。在金融方面，大多数文献关注的是金融市场的跨国联系，如 Stehle（1977）、Sarno 和 Taylor（1999）、Hui 等（2016）。Zhang 等（2017）发现，中国各省商业银行存在不良贷款的空间溢出效应。Yu、Li 和 Huang（2017）利用中国 30 个省份 2005 ~ 2014 年面板数据构建了三个不同空间权重矩阵的空间面板模型，发现了空间竞争对金融发展和金融效率的影响。由于我国幅员辽阔，各区域间经济发展差距较大，因此有必要考虑我国各省之间的区域特征和空间传播效应，这将有别于其他国家。然而，房价波动带来的中国省级金融风险的空间传导效应尚未明确。因此，我们将构建面板空间杜宾模型，分析各部门房价波动对金融风险的省级空间传导效应，并对东部、中部和西部地区进行比较。

综上所述，现有文献强调资产价格波动，尤其是房价波动在金融风险中的重要作用。许多学者发现，房价波动通过抵押品价值、资本和流动性将金融风险扩散到银行系统。然而，房价波动引发的金融风险如何在不同行业、不同省份/地区之间传导，目前尚未被揭示。在美国和欧洲国家，由于存量房取代非新建住房已成为住房市场供给的主要组成部分，房地产开发商的影响力被削弱，同时由于土地私有制使得地方政府并不活跃于房地产市场。然而，与西方国家相比，地方政府和房地产开发商在中国房地产市场上扮演着重要的角色。因此，有必要研究地方政府、房地产开发商、银行、个人和家庭通过房价波动传导金融风险的机制。中国幅员辽阔，各地区经济发展差距较大；因此，中国是研究房地产金融风险在各省之间的空间传导以及各地区之间的不同特征的理想区域。因此，本书的研究将从以下三个方面进行创新：①分析中国房地产市场中地方政府、房地产开发商、银行、个人和家庭之间的金融关系和利益关系，明确房价波动下各部门之间的金融风险传导机制；②基于空间经济学视角，构建面板空间杜宾模型，研究房价波动引发的金融风险在中国各省间的空间传导机制；③比较中国东、中、西部地区，确定不同地区在这一问题上的不同特点。

二、房价波动引发的金融风险如何传导到各部门

中国房地产市场的金融链上主要涉及四个部门：地方政府、房地产开发商、银行、个人和家庭。

（一）地方政府

基于中国城市土地供应的垄断性，地方政府依靠土地使用权交易费用来提高财政收入（Liu 等，2008，2016），即“土地财政”。同时，地方政府通过其附属机构以土地抵押间接获得大量银行贷款，用于基础设施建设从而进一步提升当地土地价值（Cao 等，2008；Tao 等，2010；Wu，2010），即“土地金融”。随着房价的上涨，地方政府通过“土地财政”和“土地金融”成功地促进了城市增长并扩展了城市边界（Ou 等，2017）。由此带来的经济和政治利益鼓励地方政府采取各种土地供应策略进一步推高当地房价。

一旦房价上涨的神话被打破，土地价格将大幅下跌，地方政府将无力偿还债务。因此，银行和其他放贷机构将蒙受巨额损失，将金融风险传导到各个行业。

（二）房地产开发商

随着房价的飙升，房地产开发商扩大借贷规模以提高生产，从而获得更多的利润。除了银行贷款，中国房地产开发商甚至通过“影子银行”、私人融资和非法集资渠道寻求资金，实际自有资本比例较低。此外，开发商通过一系列的策略，如价格歧视、价格阴谋和囤积房产，进一步抬高了房价。因此，房地产开发商往往会过度扩张，过度杠杆和过度投机，这可能导致房价泡沫。

一旦房价下跌，房地产开发商将面临流动性风险和长期偿债能力问题。这将进一步导致投资者权益损失、银行索赔损失、地方政府土地收入损失，从而将金

融风险分散到其他领域。

（三）银行

随着房价的上涨，银行通过向房地产业扩张信贷，特别是住房抵押贷款和房地产开发贷款，获得了可观的利息收入，而忽视了风险。2017 年底，房地产贷款余额 32.2 万亿元，占金融机构人民币贷款余额的 26.8%（中国人民银行，2018）。银行信贷的扩张为房地产的过度投资或投机提供了资金，刺激了中国房价的上涨和泡沫（Huang 等，2015；Shen 等，2016）。

房价下跌将通过不良房地产贷款困住银行，带来抵押物贬值损失，甚至由市场恐慌引发银行挤兑，导致金融危机。

（四）个人和家庭

个人和家庭被飞涨的房价所吸引，投资或投机于房地产市场。中国房地产市场的一个普遍现象是，富人买多套房子，然后在房价上涨后卖给别人。“鬼城”被用来形容房屋空置率高的地区，是中国房地产市场大量投机的证据（Liu 等，2016）。来自个人和家庭的投机需求进一步推高了房价，这将吸引更多的投机，从而导致房价更大幅度的上涨，易滋生价格泡沫。

如果房价下跌，个人和家庭将会遭受巨大损失，导致其银行贷款违约，违约抵押物的处置将导致房价进一步下跌，最终造成各部门的资金困难。

综上所述，房价波动引发的金融风险如何传导到各个部门的机制如图 8－1 所示。

三、实证分析

（一）数据

实证分析采用中国 30 个省份 1999～2015 年的年度面板数据。在笔者撰写本章时，这个数据集是官方公开数据中最长和最新的。房价水平以商品房平均价格（HP）表示。银行信贷规模用金融机构贷款余额与国民生产总值（LB/GDP）之比来代表。房地产开发商投资规模的扩张以房地产开发投资占国民生产总值（RI/GDP）的比例来表示。地方政府对土地收入的依赖用土地出让金（LF）代表。个人和家庭对住房的需求以商品房销售面积（SS）表示。除 LB/GDP 和 RDI/GDP

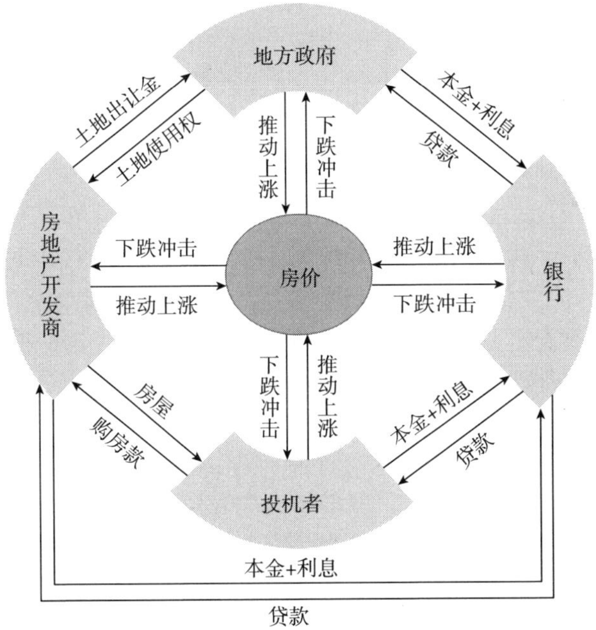

图 8－1　房价波动引发的金融风险向各行业传导的机制

外，其他变量取对数。即 loghp 为因变量，lb/gdp、ri/gdp、loglf、logss 为自变量。根据各省份的经纬度，利用 Matlab 软件生成空间权重矩阵。所有数据均来自 CEIC 数据库、历年各省统计年鉴、历年《中国国土资源年鉴》。

（二）方法与建模

空间计量经济学模型始于 Anselin（1988）对空间相关性的界定。随后，Baltagi（2001）和 Elhorst（2003）在面板模型中考虑了空间因变量滞后和空间误差滞后。Anselin 等（2008）将空间面板数据模型命名为空间滞后模型，包括含空间因变量滞后变量的空间滞后模型（SLM），以及含误差之间交互作用的空间误差模型（SEM）。LeSage 和 Pace（2009）建议同时引入空间自变量滞后和空间因变量滞后来克服偏倚结果，即空间杜宾模型（SDM）。

将上述因变量 loghp 和自变量 lnltp、lnrdi、lb/gdp、loghss 引入式（8－1），构建中国 30 个省份的空间杜宾模型。为了比较东部、中部和西部地区，我们还分别构建了这三个地区的空间杜宾模型。根据地理位置，东部地区包括北京、天津、河北、辽宁、上海、江苏、浙江、福建、山东、广东和海南。中部地区包括山西、内蒙古、吉林、黑龙江、安徽、江西、河南、湖北和湖南。西部地区包括重庆、四川、贵州、云南、陕西、甘肃、青海、宁夏、新疆和广西。本文构建的空间杜宾模型如下所示：

$$\log hp_{it} = \delta \sum_{j=1}^{N} W_{ij} \log hp_{jt} + \alpha + [(lb/gdp)_{it}, (ri/gdp)_{it}, \log lf_{it}, \log ss_{it}] \beta + \sum_{j=1}^{N} W_{ij} [(lb/gdp)_{jt}, (ri/gdp)_{jt}, \log lf_{jt}, \log ss_{jt}] \theta + u_i + \lambda_t + \varepsilon_{it},$$

$$t = 1, \cdots, 16; \ i = 1, \cdots, N \qquad (8-1)$$

其中，$i=1, \cdots, N$ 表示区域。在中国 30 个省份以及东、中和西部地区的空间杜宾模型中，N 分别为 30、11、9 和 10。$t=1, \cdots, 16$ 代表时期。$\log hp_{it}$代表区域 i 在时期 t 的因变量。其他区域因变量对本区域因变量的影响方向和程度由空间自回归系数 δ 表示。W 表示 $N \times N$ 阶空间权重矩阵。本章主要研究地理位置的影响，所以利用各省的经纬度来度量各省之间的地理距离，为 30 个省建立了一个 30×30 的空间权重矩阵。考虑到我国东部、中部、西部地区经济发展水平的不同，分别对此三个区域建立了基于地理距离的空间权重矩阵，各自为 11×11、9×9 和 11×11 阶矩阵。不同类型的空间权重矩阵可能会产生不同的结果，因此我们构建了基于省份间邻接关系的二元邻接空间权重矩阵来检验估计的可靠性，且得到了相似的结果，说明本章的地理空间权重矩阵具有可靠性，请详见第四部分。

$\sum_{j=1}^{N} W_{ij} \log hp_{jt}$ 表示各区域因变量之间的内生交互作用，即各区域之间因变量 $\log hp_{it}$的空间依赖关系。$[(lb/gdp)_{jt}, (ri/gdp)_{jt}, \log lf_{jt}, \log ss_{jt}]$ 是 1×4 阶的自变量向量。β 为 4×1 阶参数向量。$\sum_{j=1}^{N} W_{ij} [(lb/gdp)_{jt}, (ri/gdp)_{jt}, \log lf_{jt}, \log ss_{jt}]$ 代表不同区域自变量之间的外生交互作用，即自变量之间的空间依赖性。θ 是一个 4×1 阶的参数向量，反映其他地区的自变量对本地区因变量的影响方向和程度。α 为常数项；u_i 表示区域固定效应，λ_t 表示时间固定效应。ε_{it}表示随机误差项，其满足标准正态分布的方差 σ^2，且期望值为零。

根据 LeSage 和 Pace（2009）提出的直接效应和间接效应来解释自变量的空间交互效应可知，因为直接效应包含当地和其他地区之间反馈影响，所以式（8－1）中的 β 并不等于直接效应。

（三）数据的整体结果

表 8－1 给出了具有空间和时间固定效应的空间杜宾模型在中国 30 个省份的测试结果，以及自变量的直接效应、间接效应和总效应。lb/gdp、ri/gdp、loglf、logss 系数均显著为正，说明银行信贷扩张、房地产开发商投资扩张、地方政府土地收入、个人和家庭需求对房价均有正向影响。ri/gdp 的影响最大，系数为 1.72，其次是 lb/gdp（0.70）、loglf（0.17）和 logss（0.10）。值得注意的是，ri/gdp 对 loghp 有很强的正向影响，这说明房地产开发商的投资扩张会推高房价，

与供求理论的观点相反。这与现实中房地产开发商大幅扩张投资规模和房地产开发热潮的现象是一致的。在城镇化和房价上涨预期的背景下，房地产开发商在市场中具有强大的影响力，他们通常会采取各种策略，如囤积房产、价格歧视等，抬高房价，以谋取暴利。同时，房地产开发商通过各种方式筹集资金，扩大房地产投资，以获取更多的利润，这在一定程度上演变为投机行为。因此，出现了“更多的投资—更多的利润—更高的房价—更多的投资”的循环。这一发现与 Lai (2008) 和 Liu 等 (2008) 关于中国投资驱动型增长的观点一致。然而，如果房地产价格的增长是由投资而非市场基本面推动，就存在风险，可能会导致泡沫。一旦房价下跌，所有行业都会面临金融危机。

表 8-1　对我国 30 个省份具有时间和空间固定效应的 SDM 结果

变量	系数	直接效应	间接效应	总效应
W × loghp	0.52***	—	—	—
lb/gdp	0.70***	0.69***	-0.15	0.53***
ri/gdp	1.72***	1.73***	-0.12	1.61
loglf	0.17***	0.19***	0.28***	0.47***
logss	0.10***	0.07**	-0.40***	-0.33**
W × lb/gdp	-0.44***	—	—	—
W × ri/gdp	-0.94	—	—	—
W × loglf	0.05	—	—	—
W × logss	-0.25***	—	—	—
R^2	0.88	—	—	—

注：***、**、*分别代表 1%、5% 和 10% 的显著性水平。

此外，空间杜宾模型结果中 W × loghp 的系数为正数，为 0.52，表明我国 30 个省份之间的房价存在很强的空间交互作用。也就是说，其他省份的房价上涨将推高本省的房价水平。如果一个省份出现房价泡沫，很可能通过房价波动的空间交互效应传染至其他省份。

此外，W × lb/gdp 和 W × logss 的系数均显著，分别为 -0.44 和 -0.25，表明其他省份的银行信贷的扩张以及个人和家庭需求对本省的房价有负向影响。可见，银行信贷以及个人和家庭的需求在全国范围内各省之间具有“替代效应”。也就是说，房价高的省份吸引了其他省份的银行信贷、个人和家庭部门的资金到本省进行房地产的投资或投机，从而降低了其他省份房地产需求及房价。lb/gdp、ri/gdp、loglf、logss 的直接影响均显著为正。ri/gdp 的直接影响最大，其次是 lb/gdp、loglf 和 logss，与它们的系数类似。loglf 的间接影响为正，为0.28，说明本省地方政府的土地收入对其他省份的房价具有正向影响，主要由于不同省份的地方政府存在“模仿行为”，即一个省份的地方政府以更高的价格出让土地获得政治和经济利益后，其他省份的地方政府也会提高土地出让价格，从而推动其他省份的房价的上升。logss 具有负的间接影响，为 -0.40，表明一个省份的个人和家庭部门房地产需求的扩张会降低其他省份的房价，主要由于不同省份之间个人和家庭部门的需求具有“替代效应”。也就是说，其他省份的个人和家庭部门的需求被吸引至本省，即本省的个人和家庭部门的需求替代了其他省份该部门的需求。

lb/gdp 和 loglf 对房价的总体影响显著为正，分别为 0.53 和 0.47，表明银行信贷的扩张和地方政府土地收入的增加将促进 30 个省份的整体房价水平。然而，由于 logss 在各省之间具有较强的“替代效应”，对 30 个省份的整体房价水平具有负的总效应（-0.33）。

因此，房地产开发商的过度投资、银行信贷扩张、地方政府的土地收入以及个人和家庭的需求推高了中国 30 个省份当地的房价，这可能导致房价泡沫，从而引致涉及各个行业的金融风险。由于高房价省份的个人和家庭部门需求对其他省份具有“替代效应”，个人和家庭部门的资金以及房地产开发商的投资扩张均集聚在高房价省份，会加剧高房价省份的金融风险积累。金融风险不仅可以通过房价的空间传染效应直接在省份间进行传导，还可以通过地方政府对土地收入的“模仿行为”间接传染至其他省份。

（四）中国不同地区的分析

1. 东部地区

表8-2 给出了中国东部地区具有时间和空间固定效应的空间杜宾模型的结果。与 30 个省份的结果相似，ri/gdp 对 loghp 的正向影响最大（1.59），其次是 lb/gdp（0.80）和 loglf（0.23）。也就是说，房地产开发企业的投资、银行信贷和地方政府土地出让收入的扩张推高了东部地区的房价。房价的空间交互效应也很显著，为0.21，说明东部地区房价波动风险在各省之间具有强烈的空间传染效应。此外，其他省份地方政府土地出让收入的增加也促进了当地房价的上涨，W×loglf 的系数为 0.36。由于中国东部地区经济较为发达，因此对房屋和土地的需求也较大，各省地方政府能够进行土地出让的“模仿行为”，采取各种策略抬高土地出让价格以提高土地出让收入。W×logss 的系数为 -0.59，说明不同省份之间的住房需求存在“替代效应”。由于东部省份之间的房价差别很大，如 2016 年北京和上海的商品房均价分别为 27497 元/平方米、24747 元/平方米，但山东

却只有5855元/平方米。因此，其他省份市场参与者被吸引到北京或上海这样的大都市，从而在一定程度上降低了这些省份房价的增长。

表8-2 中国东部地区具有时间和空间固定效应的SDM的结果

变量	系数	直接效应	间接效应	总效应
W × loghp	0.21**	—	—	—
lb/gdp	0.80***	0.80***	-0.19	0.61
ri/gdp	1.59**	1.59**	0.16	1.75
loglf	0.23***	0.25***	0.52***	0.77***
logss	0.01	-0.02	-0.74**	-0.75**
W × lb/gdp	-0.32	—	—	—
W × ri/gdp	-0.21	—	—	—
W × loglf	0.36***	—	—	—
W × logss	-0.59***	—	—	—
R^2	0.89	—	—	—

注：***、**、*分别代表1%、5%和10%的显著性水平。

ri/gdp、lb/gdp和loglf对loghp的直接效应分别为1.59、0.80和0.25，其影响顺序与其系数类似。loglf和logss对loghp的间接效应分别为0.52和-0.74，证明了地方政府对土地收入的“模仿行为”以及东部各省间房地产需求的“替代效应”。也就是说，在东部地区，本省土地收入的增加会抬高东部其他省份的房价，而本省住房需求的增加则会产生相反的影响。loglf和logss对loghp的总效应分别是0.77和-0.75，表明土地出让收入上升对中国东部省份总体的房价水平具有正向影响，并略强于各省之间房地产需求的“替代效应”。

2. 中部地区

中国中部地区的具有时空固定效应的空间杜宾模型结果如表8-3所示。lb/gdp、logss、loglf对loghp有正向影响，系数分别为0.70、0.46、0.05。表明银行信贷扩张对中部地区房价的正面影响最大，其次是个人和家庭的需求，然后是地方政府的土地财政收入。W × loglf的负系数（-0.11）表明，其他省份的地方政府土地出让收入对当地房价有负向影响。由于中部地区经济发展不足，只能吸引到有限的房地产开发资金，省份之间存在招商引资方面的竞争。一个省份地方政府土地出让收入的增加意味着吸引了较多的房地产开发资金，而在房地产开发投资资金有限的情况下，其他省份能吸引的房地产开发资金将减少，从而导致其他省份房地产市场冷却以及房价的下降。

表 8－3　SDM 在中国中部地区具有时空固定效应的结果

变量	系数	直接效应	间接效应	总效应
W×loghp	0.24***	—	—	—
lb/gdp	0.70***	0.70***	0.48	1.14***
ri/gdp	1.23	1.07	－3.55	－2.48
loglf	0.05**	0.04	－0.13	－0.08
logss	0.46***	0.48***	0.44*	0.92***
W×lb/gdp	0.19	—	—	—
W×ri/gdp	－3.07	—	—	—
W×loglf	－0.11*	—	—	—
W×logss	0.24	—	—	—
R^2	0.93	—	—	—

注：***、**、*分别代表1%、5%和10%的显著性水平。

3. 西部地区

表8－4为中国西部地区具有时间和空间固定效应的空间杜宾模型的结果。ri/gdp、lb/gdp、logss、loglf 对 loghp 的正向影响依次为 3.38、0.22、0.13、0.09。也就是说，房地产开发商的投资扩张、银行信贷、个人和家庭需求以及地方政府的土地出让收入推高了西部省份的房价。不同省份间房价的空间交互作用也很强，为0.38。W×ri/gdp 的系数为4.04，说明在西部地区，其他省份房地产开发商的投资扩张也推高了本省的房价。W×logss 的系数为－0.35，表明其他省份的个人和家庭需求对本省的房价有负向影响，这可能是由西南经济圈（主要由四川和重庆组成）对西部其他省份的需求“替代效应”导致的。

ri/gdp 和 logss 的直接效应分别为3.79 和0.11，说明西部地区房地产开发商的投资扩张和地方政府的土地出让收入对本省的房价有正向影响。ri/gdp 的间接影响也很强，为8.32，表明在西部地区一个省份的房地产开发商的投资扩张会刺激其他省份的房价上涨。这可能是由于房地产开发商的投资扩张在西部各省间的“促进效应”。ri/gdp 的总效应为12.11，表明房地产开发商的投资扩张提高了西部地区各省的总体房价水平。

4. 不同区域的比较

将中国东、中、西部地区的空间杜宾模型的结果进行对比，发现了地区之间一定的相似性和差异性。首先，在三个区域中，银行信贷和地方政府土地出让收入对本省房价均有正向影响，且房价波动在省份之间具有较强的空间传染效应。

表 8-4 中国西部地区具有时间和空间固定效应的 SDM 结果

变量	系数	直接效应	间接效应	总效应
W × loghp	0.38***	—	—	—
lb/gdp	0.22**	0.20	-0.37	-0.18
ri/gdp	3.38***	3.79***	8.32**	12.11***
loglf	0.09***	0.10***	0.14	0.24
logss	0.13**	0.11	-0.46	-0.35
W × lb/gdp	-0.32	—	—	—
W × ri/gdp	4.04**	—	—	—
W × loglf	0.05	—	—	—
W × logss	-0.35**	—	—	—
R^2	0.91	—	—	—

注：***、**、*分别代表1%、5%和10%的显著性水平。

其次，房地产开发商的投资扩张对东部和西部地区本省房价的影响最大，而银行信贷扩张对中部地区本省房价的推动作用最大。再次，由于东部地区地方政府间的“模仿行为”，其他省份地方政府的土地出让收入对本省房价有正向影响，而中部地区则相反，主要是因为中部地区各省地方政府在吸引房地产开发商方面存在竞争。最后，由于大都市对其他省份的“替代效应”，其他省份的个人和家庭住房需求对东部和西部地区本省的房价产生负向影响；但由于中部地区在各省之间存在房地产需求的“促进效应”，所以情况正好相反。

可见，推动东、中、西部地区房价上涨的变量主要有以下四个：银行信贷、房地产开发商投资、地方政府土地出让收入以及个人和家庭的需求。在这些因素的共同推动下可能会产生房价泡沫，从而给各个部门带来金融风险。东部和西部地区应警惕房地产开发商的过度投资，而中部地区则应更多地关注银行信贷的扩张。三个地区的房价波动均具有较强的空间传染效应，可以直接通过房价波动将金融风险传然染各个省份。在东部和西部地区，由于省份间房地产需求的“替代效应”，个人和家庭的资本在大都市集聚可能会增加金融风险。此外，东部地区地方政府间对土地出让收入的“模仿行为”，以及西部地区房地产开发商投资在省份间的“促进效应”，加强了各省之间金融风险的传导。在中部地区，房价带来的金融风险可以通过个人和家庭需求在各省之间的“促进效应”进行传染，同时应警惕某些省份土地出让收入的过度增长。

四、稳健性检验

为了检验基于地理距离的空间权重矩阵的稳健性，本章继续采用基于省份间邻接关系的二元邻接空间矩阵进行分析。即当省份 i 和省份 j 之间共享一条边界时，其在二元邻接空间权重矩阵中对应的元素 $W_{ij}=1$，否则 $W_{ij}=0$。将行标准化后的二元邻接空间权重矩阵引入空间杜宾模型，即式（8-1）。中国 30 个省及东部、中部、西部地区的结果分别如表 8-5、表 8-6、表 8-7 和表 8-8 所示。

与第三部分基于地理空间权重矩阵的空间杜宾模型的估计结果相一致，自变量的系数和直接影响表明，ri/gdp 对我国 30 个省份房价的正向影响最大，其次是 lb/gdp、loglf 和 logss。W×ri/gdp 和 W×logss 的负系数和 logss 的间接效应表明它们在各省之间具有“替代效应”。loglf 的正向间接效应表明了不同省份地方政府间的“模仿行为”。自变量的总效应也描述了类似的信息。

表 8-5　基于二元邻接空间权重矩阵的中国 30 个省份的时间和空间固定效应的 SDM 结果

变量	系数	直接效应	间接效应	总效应
W×loghp	0.59***	—	—	—
lb/gdp	0.52***	0.55***	0.31*	0.86***
ri/gdp	2.06***	1.98***	-0.95	1.04
loglf	0.15***	0.17***	0.23***	0.41***
logss	0.11***	0.08***	-0.30***	-0.21*
W×lb/gdp	-0.17*	—	—	—
W×ri/gdp	-1.65***	—	—	—
W×loglf	0.00	—	—	—
W×logss	-0.19***	—	—	—
R^2	0.90	—	—	—

注：***、**、*分别代表 1%、5% 和 10% 的显著性水平。

表 8-6、表 8-7、表 8-8 所示的结果与表 8-2、表 8-3、表 8-4 所示的结果也相似，即房价飙升的首要原因，在东部和西部地区是房地产开发商的过度

投资，而在中部地区是银行信贷扩张。除了三个区域房价波动具有显著的空间传染之外，东部和西部地区大都市对其他省份住房需求的“替代效应”，东部地区地方政府在土地出让上的“模仿行为”，西部地方房地产开发商投资在省份之间的“促进效应”，以及中部地区省份间个人和家庭需求的“促进效应”均得到了体现。因此，基于二元邻接空间权重矩阵的空间杜宾模型与基于地理空间权重矩阵的空间杜宾模型结果相似，证明了前者的稳定性。

表 8-6　基于二元邻接空间权重矩阵的东部地区的时间和空间固定效应的 SDM 结果

变量	系数	直接效应	间接效应	总效应
W × loghp	0.49**	—	—	—
lb/gdp	0.87***	0.84***	-0.17	0.67
ri/gdp	1.50**	1.51*	0.23	1.74
loglf	0.16***	0.19***	0.23**	0.42***
logss	0.12**	0.07	-0.35**	-0.28*
W × lb/gdp	-0.46***	—	—	—
W × ri/gdp	-0.42	—	—	—
W × loglf	0.09*	—	—	—
W × logss	-0.29***	—	—	—
R^2	0.90	—	—	—

注：***、**、*分别代表1%、5%和10%的显著性水平。

表 8-7　基于二元邻接空间权重矩阵的中部地区的时间和空间固定效应的 SDM 结果

变量	系数	直接效应	间接效应	总效应
W × loghp	0.45***	—	—	—
lb/gdp	0.60***	0.64***	0.23	0.87**
ri/gdp	1.29	1.24	-0.15	1.09
loglf	0.06**	0.05*	-0.07	-0.02
logss	0.43***	0.45***	0.14	0.59***
W × lb/gdp	-0.03	—	—	—
W × ri/gdp	-0.70	—	—	—
W × loglf	-0.07*	—	—	—
W × logss	-0.11	—	—	—
R^2	0.94	—	—	—

注：***、**、*分别代表1%、5%和10%的显著性水平。

表 8-8 基于二元邻接空间权重矩阵的西部地区的时间和空间固定效应的 SDM 结果

变量	系数	直接效应	间接效应	总效应
W×loghp	0.21***	—	—	—
lb/gdp	0.19*	0.18	-0.17	-0.01
ri/gdp	3.40***	3.61***	3.65**	7.26***
loglf	0.10***	0.10***	0.10*	0.20***
logss	0.14**	0.12**	-0.28**	-0.16
W×lb/gdp	-0.19	—	—	—
W×ri/gdp	2.39**	—	—	—
W×loglf	0.06	—	—	—
W×logss	-0.27**	—	—	—
R^2	0.91	—	—	—

注：***、**、*分别代表1%、5%和10%的显著性水平。

五、结论

本章基于房价波动引发的金融风险传染的理论分析，建立空间杜宾模型，分别对我国30个省份和东部、中部、西部地区的房价波动和金融风险传染进行实证研究。利用1999~2015年的省级面板数据，发现了各部门在房价波动中所起的作用，从而得出各部门和各省之间金融风险的传染效应。主要结论如下：

（1）中国30个省份及三个区域房价的飙升与银行信贷、房地产开发商投资、地方政府土地出让收入、个人和家庭的需求等因素密切相关。这些部门过度参与房地产市场可能会导致泡沫，易引发涉及各个部门的金融风险。

（2）中国30个省份及三个区域房价的空间传染效应都很强，说明金融风险可以通过房价波动的空间传染直接在省份之间进行传染。

（3）对于中国30个省份来说，房地产开发商具有强大的市场力量。来自银行信贷、房地产开发商以及个人和家庭部门的资金在高房价省份的集聚，进一步加大了房价波动带来的金融风险。

（4）在东部和西部地区房地产开发商的投资扩张对房价的影响最大，而银行信贷对中部地区房价的影响最大。由于对其他省份需求的“替代效应”，个人和家庭需求集聚在房价高的大都市可能会加强东部和西部地区的金融风险。在东部地区，由于地方政府在土地出让上的“模仿行为”，金融风险可以通过地方政府间的土地出让行为进行跨省传染。在中部地区，由于存在吸引房地产开发投资的竞争，地方政府的土地出让收入对其他省份的房价作用存在“替代效应”，同时金融风险可以通过省份间个人和家庭需求的“促进效应”进行跨省传染。在西部地区，房价波动带来的金融风险可以通过房地产开发商投资在省份间的“促进效应”进行跨省传染。

参考文献

[1] Abraham J M, Hendershott P H. Bubbles in metropolitan housing markets [R] . NBER, 1994 (4774) .

[2] Adams Z, Füss R. Macroeconomic determinants of international housing markets [J] . Journal of Housing Economics, 2010, 19 (1): 38 - 50.

[3] Aizenman J, Noy I. Endogenous financial and trade openness [J] . Review of Development Economics, 2009, 13 (2): 175 - 189.

[4] Allen F, Gale D. Bubbles, crises and policy [J] . Oxford Review of Economic Policy, 1999 (3): 9 - 18.

[5] Anselin L, Legallo J, Jayet J. Spatial panel econometrics [A] . The econometrics of panel data: Fundamentals and recent developments in theory and practice [C] . Springer, Berlin Heidelberg, 2008.

[6] Anselin L. Spatial econometrics: Methods and models [M] . Dordrecht: Kluwer Academic Publishers, 1988.

[7] Baltagi B H. Econometrics analysis of panel data (second edition) [M] . Chi Chester, United Kingdom: John Wiley & Sons, 2001.

[8] Barsky R. The Japanese bubble: A "Heterogeneous" approach [R] . NBER Working Papers, 2009.

[9] Basile A, Joyce J P. Asset bubbles, monetary policy and bank lending in Japan: An empirical investigation [J] . Applied Economics, 2001, 33 (13): 1737 - 1744.

[10] Beck T, Levine R, Loayza N. Finance and the sources of growth [J] . Journal of Financial Economics, 2000, 58 (1 - 2): 261 - 300.

[11] Bekaert G, Harvey C R, Lundblad C. Does financial liberalization spur growth? [J] . Journal of Financial Economics, 2005, 77 (1): 3 - 55.

[12] Beltratti A, Morana C. International house prices and macroeconomic fluctu-

ations [J] . Journal of Banking & Finance, 2010, 34 (3): 533 -545.

[13] Bernanke B S. Alternative explanations of the money - income correlation [J] . Carnegie - Rochester Conference Series on Public Policy, 1986 (25): 49 -99.

[14] Bjørnland H C, Jacobsen D H. The role of house prices in the monetary policy transmission mechanism in small open economies [J] . Journal of Financial Stability, 2010, 6 (4): 218 -229.

[15] Black A, Fraser P, Hoesli M. House prices, fundamental and bubbles [J] . Journal of Business Finance & Accounting, 2006, 33 (9 - 10): 1535 - 1555.

[16] Blanchard O J, Watson M W. Bubbles, rational expectations and financial markets [R] . NBER Working Papers, 1983.

[17] Blanchard O, Quah D. The aggregate effect of demand and supply disturbances [J] . American Economic Review, 1989, 79 (4): 655 -673.

[18] Blanchard O, Watson M. Are all business cycles alike? [A] //Gordon R J (eds.) . The American Business Cycle [C] . Chicago, U. S. : University of Chicago Press, 1986.

[19] Bouchouicha R, Ftiti Z. Real estate markets and the macroeconomy: A dynamic coherence framework [J] . Economic Modelling, 2012, 29 (5): 1820 - 1829.

[20] Brady R R. Measuring the diffusion of housing prices across space and over time [J] . Journal of Applied Econometrics, 2011 (26): 213 -231.

[21] Brissimis S N, Magginas N S. Changes in financial structure and asset price substitutability: A test of the bank lending channel [J] . Economic Modelling, 2005, 22 (5): 879 -904.

[22] Bruneau C, De Bandt O. Monetary and fiscal policy in the transition to EMU: What do SVAR models tell us? [J] . Economic Modelling, 2003, 20 (5): 959 -985.

[23] Canova F, Ciccarelli M. Panel vector autoregressive models: A survey [J] . CEPR Discussion Papers, 2013 (31): 205 -246.

[24] Cao G, Feng C, Tao R. Local "land finance" in China' s urban expansion: Challenges and solutions [J] . China & World Economy, 2008, 16 (2): 19 -30.

[25] Carlino G, DeFina R. The differential regional effects of monetary policy [J] . Review of Economics and Statistics, 1998, 80 (4): 572 -587.

[26] Cary E O. Explaining overheating in China through institutional analysis (1992 ~2010) [J] . Asian Survey, 2011, 51 (3): 540 -558.

[27] Chen M C, Chang C O, Yang C Y, et al. Investment demand and housing

prices in an emerging economy [J]. Journal of Real Estate Research, 2012, 34 (3): 345-374.

[28] Cheung Y W, Qian X. Deviations from covered interest parity: The case of China [A] //Cheung Y W, Kakkar V, Ma G (eds.). Frontiers of economics and Globalization: The evolving role of asia in global finance [C]. Bingley, U. K.: Emerald Group Publishing Limited, 2010: 369-386.

[29] Clapp J M, Tirtiroglu D. Positive feedback trading and diffusion of asset price changes: Evidence from housing transactions [J]. Journal of Economic Behavior & Organization, 1994 (24): 337-355.

[30] Clark S P, Coggin T D. Was there a U. S. house price bubble? An econometric analysis using national and regional panel data [J]. Quarterly Review of Economics & Finance, 2011, 51 (2): 189-200.

[31] Davis E P, Zhu H. Commercial property prices and bank performance [J]. The Quarterly Review of Economics and Finance, 2009, 49 (4): 1341-1359.

[32] De Gregorio J, Guidotti P E. Financial development and economic growth [J]. World Development, 1995, 23 (3): 433-448.

[33] Dekker A, Sen K, Young M R. Equity market linkages in the Asia Pacific region: A comparison of the orthogonalised and generalised VAR approaches [J]. Global Finance Journal, 2001, 12 (1): 1-33.

[34] Demirgüç-Kunt A, Levine R. Bank-based and market-based financial systems: Cross-country comparisons [R]. Policy Research Working Paper, 1999: 1-72.

[35] Elhorst J P. Specification and estimation of spatial panel data models [J]. International Regional Science Review, 2003, 26 (3): 244-268.

[36] Elhorst J P. 空间计量经济学：从横截面数据到空间面板 [M]. 肖光恩译. 北京：中国人民大学出版社，2015.

[37] Ewing B T, Thompson M A. VAR and generalized impulse response analysis of manufacturing unit labor costs [J]. Physica A: Statistical Mechanics and its Applications, 2008, 387 (11): 2575-2583.

[38] Frankel J A. The Yen/Dollar agreement: Liberalizing Japanese capital markets [A] //Policy Analysis in International Economics No. 9 [C]. Washington, D. C.: Institute for International Economics, 1984.

[39] Gilchrist S, Leahy J V. Monetary policy and asset prices [J]. Journal of Monetary Economics, 2002, 49 (1): 75-97.

[40] Goetzmann W N, Case B, Rouwenhorst K G. Global real estate markets: Cycles and fundamentals [J]. SSRN Electronic Journal, 1999.

[41] Goldsmith R W. Financial structure and development [M]. New Haven: Yale University Press, 1969.

[42] González – Hermosillo B. Banking sector fragility and systemic sources of fragility [R]. IMF Working Papers, 1996, 96 (12): 1 –42.

[43] Goodhart C, Hofmann B. House prices, money, credit, and the macroeconomy [J]. Oxford Review of Economic Policy, 2008, 24 (1): 180 –205.

[44] Guiso L, Sapienza P, Zingales L. Does local financial development matter? [A] //Silipo D B (eds.). The Banks and the Italian Economy [C]. Springer, 2009: 31 –66.

[45] Guo F, Huang Y S. Does "hot money" drive China's real estate and stock markets? [J]. International Review of Economics & Finance, 2010, 19 (3): 452 –466.

[46] Guo S, Li C. Excess liquidity, housing price booms and policy challenges in China [J]. China & World Economy, 2011, 19 (6): 76 –91.

[47] Hasan I, Wachtel P, Zhou M. Institutional development, financial deepening and economic growth: Evidence from China [J]. Journal of Banking & Finance, 2009, 33 (1): 157 –170.

[48] He C, Wang J, Cheng S. What attracts foreign direct investment in China's real estate development? [J]. Annals of Regional Science, 2011, 46 (2): 267 –293.

[49] He C, Zhu Y. Real estate FDI in Chinese cities: Local market conditions and regional institutions [J]. Eurasian Geography & Economics, 2010, 51 (3): 360 –384.

[50] Hlaváček M, Komárek L. Regional analysis of housing price bubbles and their determinants in the Czech Republic [J]. Czech Journal of Economics and Finance, 2011 (61): 67 –91.

[51] Hofmann B. Bank lending and property prices: Some international evidence [R]. Money Macro and Finance (MMF) Research Group Conference, 2004.

[52] Hoshi T, Kashyap A. Corporate financing and governance in Japan: The road to the future [M]. Cambridge and London: MIT Press, 2001.

[53] Hoshi T, Kashyap A. The Japanese banking crisis: Where did it come from and how will it end? [A] //Bernake BS, Rotemberg J (eds.). NBER Macroeconomics Annual 1999 [C]. MIT, 2000: 129 –212.

[54] Hoshi T, Kashyap A. The Japanese banking crisis: Where did it come from

and how will it end? [A] //Bernanke B S, Rotemberg J J (eds.). NBER Macroeconomics Annual 1999 [C]. Cambridge and London: MIT Press, 2000: 129 -201.

[55] Hott C, Monnin P. Fundamental real estate prices: An empirical estimation with international data [J]. Journal of Real Estate Finance & Economics, 2008, 36 (4): 427 -450.

[56] Hui E C M, Wang Z. Price anomalies and effectiveness of macro control policies: Evidence from Chinese housing markets [J]. Land Use Policy, 2014, 39 (3): 96 -109.

[57] Hui E C M, Yue S. Housing price bubbles in Hong Kong, Beijing and Shanghai: A comparative study [J]. Journal of Real Estate Finance & Economics, 2006, 33 (4): 299 -327.

[58] IMF, World Bank. People's Republic of China: Detailed Assessment Report: Basel Core Principles for Effective Banking Supervision [R]. 2012: 12 -78.

[59] ISCR. People's Republic of China: Detailed assessment report: Basel core principles for effective banking supervision [J]. Imf Staff Country Reports, 2012 (1950): 218 -223.

[60] Ito T, Tokuo I. Explaining asset bubbles in Japan [J]. Bank of Japan, Monetary and Economic Studies, 1996 (14): 143 -193.

[61] Ito T. The land/housing problem in Japan: A macroeconomic approach [J]. Journal of Japanese and International Economies, 1993, 7 (1): 1 -31.

[62] Iyoda M. Postwar japanese economy: lessons of economic growth and the bubble economy [M]. New York: Springer Science & Business Media, LLC., 2010.

[63] Jensen R C, Dewhurst J H, West G R, et al. On the concept of fundamental economic structure [A] //Dewhurst J H, Jensen R C, Hewings G. (eds.) Regional Input - output Modeling: New Development and Interpretations [C]. Sydney: Avebury, 1991: 228 -249.

[64] Jin Y, Zeng Z. Residential investment and house prices in a multi - sector monetary business cycle model [J]. Journal of Housing Economics, 2004, 13 (4): 268 -286.

[65] Kaufman G G. Research in financial services: Private and public policy [A] //Banking, Financial Markets, and Systemic Risk [C]. Jai Press, 1995.

[66] Kaufman G G. Central Banks, Asset Bubbles and Financial Stability [M]. Springer, 1999.

[67] Kim K, Suh S H. Speculation and price bubbles in the Korean and Japanese

real estate markets [J]. The Journal of Real Estate Finance and Economics, 1993, 6 (1): 73 -87.

[68] Kim K. Housing and the Korean economy [J]. Journal of Housing Economics, 2004, 13 (4): 321 -341.

[69] Kindleberger C P. Bubbles [A] //Eatwell J, Milgate M, Newman P (eds.). The New Palgrave: A Dictionary of Economics [C]. New York: Stockton Press, 1987: 281 -294.

[70] Kindleberger C P. Manias, panics and crashes: A history of financial crisis [M]. New York, U. S.: John Wiley & Sons, 1996.

[71] King R G, Levine R. Finance and growth: Schumpeter might be right [J]. The Quarterly Journal of Economics, 1993, 108 (3): 717 -737.

[72] Koop G, Pesaran M H, Potter S M. Impulse response analysis in nonlinear multivariate models [J]. Journal of Econometrics, 1996, 74 (1): 119 -147.

[73] Kraay A. In search of the macroeconomic effects of capital account liberalization [Z]. World Bank Working Paper, 1998.

[74] Lai P. China's excessive investment [J]. China & World Economy, 2008, 16 (5): 51 -62.

[75] Lane P R, Milesi - Ferretti G M. International financial integration [J]. IMF Economic Review, 2003, 50 (1): 82 -113.

[76] Lane P R, Milesi - Ferretti G M. The external wealth of nations mark Ⅱ: Revised and extended estimates of foreign assets and liabilities, 1970 - 2004 [J]. Journal of International Economics, 2007, 73 (2): 223 -250.

[77] Lane P R, Milesi - Ferretti G M. The external wealth of nations: Measures of foreign assets and liabilities for industrial and developing countries [J]. Journal of International Economics, 2001, 55 (2): 263 -294.

[78] Lastrapes W D. The real price of housing and money supply shocks: Time series evidence and theoretical simulations [J]. Journal of Housing Economics, 2002, 11 (1): 40 -74.

[79] LeSage J, Pace R K. Introduction to spatial econometrics [M]. New York: CRC Press Taylor & Francis Group, 2009.

[80] Leung M, Lu Q. Changing money market and monetary policy operations in China: An institutional perspective [J]. Journal of Contemporary China, 2011, 20 (69): 287 -305.

[81] Levine R, Zervos S. Capital control liberalization and stock market develop-

ment [J]. World Development, 1998, 26 (7): 1169 - 1183.

[82] Levine R. Bank - based or Market - based financial systems: Which is better? [J]. Journal of Financial Intermediation, 2002, 11 (4): 398 - 428.

[83] Lewis W. The theory of economic growth [M]. London: George Allen and Unwin, 1955.

[84] Li S, Lin S. The size and structure of China' s government debt [J]. Social Science Journal, 2011, 48 (3): 527 - 542.

[85] Liang Q, Cao H. Property prices and bank lending in China [J]. Journal of Asian Economics, 2007, 18 (1): 63 - 75.

[86] Lin G C S, Yi F. Urbanization of capital or capitalization on urban land? Land development and local public finance in urbanizing China [J]. Urban Geography, 2011, 32 (1): 50 - 79.

[87] Liu F. The dynamic effects of money supply on commercialized building prices in China [J]. Journal of Chinese Economic Studies (in Japan), 2013, 10 (1): 20 - 27.

[88] Liu F. The impact of financial openness and bank restructuring reform from 2003 on funds invested in real estate in China: An institutional study [J]. Social System Study, 2014, 28 (4): 157 - 186.

[89] Liu M, Tao R, Yuan F, et al. Instrumental land use investment - driven growth in China [J]. Journal of the Asia Pacific Economy, 2008, 13 (3): 313 - 331.

[90] Loannides Y, Thanapisitikul W. Spatial effects and house price dynamics in the continental US [J/OL]. http: //www. tafts. edu. yioannid/loannides Thanapisitiku ISpat Effects - 07 - 08 - 08. pdf, 2008.

[91] Loungani P, Mauro P. Capital flight from Russia [J]. World Economy, 2001, 24 (5): 689 - 706.

[92] Martin M F, Morrison W M. China' s "Hot Money" Problems [C]. Congressional Research Service Reports, 2008.

[93] Mayer C, Sinai T. Assessing high house prices: Bubbles, fundamentals and misperceptions [J]. Journal of Economic Perspectives, 2005, 19 (4): 67 - 92.

[94] McKinnon R I. Money and capital in economic development [M]. Washington: Brookings Institution, 1973.

[95] Mikhed V, Zemčík P. Testing for bubbles in housing markets: A panel data approach [J]. Journal of Real Estate Finance & Economics, 2009, 38 (4): 366 -

386.

[96] Miyazaki Y. Possible to solve the land problem [M] . Tokyo: Toyo Keizai Inc, 1992.

[97] Mohanty M S, Turner P. Monetary policy transmission in emerging market economies: What is new? [J] . Bis Papers Chapters, 2009 (35): 1 –59.

[98] Mora N. The effect of bank credit on asset prices: Evidence from the Japanese real estate boom during the 1980s [J] . Journal of Money Credit & Banking, 2008, 40 (1): 57 –87.

[99] Moreno R, Sun B K. Money, interest rates and economic activity: Stylized facts for Japan [J] . Economic Review, 1993 (3): 12 –24.

[100] Musso A, Neri S, Stracca L. Housing, consumption and monetary policy: How different are the US and the euro area? [J] . Journal of Banking & Finance, 2011, 35 (11): 3019 –3041.

[101] Noguchi Y. Land prices and house prices in Japan [A] //Noguchi Y, Poterba J M (eds.) . Housing Markets in the US and Japan [C] . Chicago: University of Chicago Press, 1994: 11 –28.

[102] Ogawa K. Monetary policy, credit, and real activity: Evidence from the balance sheet of Japanese firms [J] . Journal of the Japanese and International Economies, 2000, 14 (4): 385 –407.

[103] Okina K, Shirakawa M, Shiratsuka S. The asset price bubble and monetary policy: Japan' s experience in the late 1980s and the lessons [J] . Monetary and Economic Studies (Special Edition), 2001, 19 (2): 395 –450.

[104] Patrick H T. Financial development and economic growth in undeveloped countries [J] . Economic Development and Cultural Change, 1966 (14): 174 –189.

[105] Pesaran H H, Shin Y. Generalized impulse response analysis in linear multivariate models [J] . Economics Letters, 1998, 58 (1): 17 –29.

[106] Pollakowski H O, RAY T S. Housing price diffusion patterns at different aggregation levels: An examination of housing market efficiency [J] . Journal of Housing Research, 1997 (8): 107 –124.

[107] Prasad E, Wei S J. The Chinese approach to capital inflows: Patterns and possible explanations [A] //Edwards S (eds.) . Capital Controls and Capital Flows in Emerging Economies: Policies, Practices, and Consequences [C] . Chicago: The University of Chicago Press, 2007: 421 –480.

[108] Quigley J M. Real estate prices and economic cycles [J] . Berkeley Pro-

gram on Housing & Urban Policy Working Paper, 2002, 2 (1): 1 -20.

[109] Ren Y, Xiong C, Yuan Y. House price bubbles in China [J]. China Economic Review, 2012, 23 (4): 786 -800.

[110] Schumpeter J A. The theory of economic development [M]. Cambridge: Harvard University Press, 1911.

[111] Setser B. The Chinese conundrum: External financial strength, domestic financial weakness [J]. Cesifo Economic Studies, 2006, 52 (2): 364 -395.

[112] Shahid Ebrahim M, Hussain S. Financial development and asset valuation: The special case of real estate [J]. Journal of Banking & Finance, 2010, 34 (1): 150 -162.

[113] Shaw E S. Financial deepening in economic development [M]. New York: Oxford University Press, 1973.

[114] Shih Y, Li H, Qin B. Housing price bubbles and inter - provincial spillover: Evidence from China [J]. Habitat International, 2014 (43): 142 -151.

[115] Shimizu C, Watanabe T. Housing bubbles in Japan and the United States [J]. Public Policy Review, 2010 (6): 431 -472.

[116] Shiratsuka S. The asset price bubble in Japan in the 1980s: Lessons for financial and macroeconomic stability [J]. Ideas Help Page, 2009 (21): 42 -62.

[117] Shiratuska S. The asset price bubble in Japan in the 1980s: Lessons for financial and macroeconomic stability [J]. BIS Papers, 2005 (21): 42 -62.

[118] Sims C A, Zha T A. Does monetary policy generate recessions? [J]. Macroeconomic Dynamics, 2006, 10 (2): 231 -272.

[119] Sims C A. Empirical analysis of macroeconomic time series: VAR and structural models [J]. European Economic Review, 1991, 35 (4): 922 -932.

[120] Sims C A. Interpreting the macroeconomic time series facts [J]. European Economic Review, 1992, 36 (5): 975 -1000.

[121] Sims C A. Macroeconomics and reality [J]. Econometrica, 1980, 48 (1): 1 -48.

[122] Sims C. Are forecasting models usable for policy analysis? [J]. Quarterly Review, 1985, 10 (Win): 2 -16.

[123] Sousa J M, Zaghini A. Global monetary policy shocks in the G5: A SVAR approach [J]. Journal of International Financial Markets, Institutions and Money, 2007, 17 (5): 403 -419.

[124] Stehle R. An empirical test of the alternative hypotheses of national and in-

ternational pricing of risky assets [J] . The Journal of Finance, 1977 (32): 493 - 502.

[125] Su F, Tao R. Asian tiger or fragile dragon? Understanding China' s development model [EB/OL] . http: //www. thinkinchina. asia/wp - content/uploads/China - model - 0527. pdf.

[126] Su F, Tao R. The global recession and China' s political economy [A] . Visible Hand or Crippled Hand: Stimulation and Stabilization in China' s Real Estate Markets, 2008 - 2010 [C] . Palgrave Macmillan, 2010.

[127] Sun L, Zhang S. External dependent economy and structural real estate bubbles in China [[J] . China & World Economy, 2008, 16 (1): 34 - 50.

[128] Suzuki Y. The japanese financial system [M] . Oxford: Oxford University Press, 1987.

[129] Tan Z, Wu S. A comparison of two housing markets [J] . Applied Economics Letters, 2014, 21 (2): 118 - 124.

[130] Tao R, Su F, Liu M, et al. Land leasing and local public finance in China' s regional development: Evidence from prefecture - level cities [J] . Urban Studies, 2010, 47 (10): 2217 - 2236.

[131] Thakur S K, Alvayay J R. Identification of regional fundamental economic structure (FES) of Chilean economy: A field of influence approach [J] . Structural Change & Economic Dynamics, 2012, 23 (1): 92 - 107.

[132] Thakur S K. Identification of temporal fundamental economic structure (FES) of India: An input - output and cross - entropy analysis [J] . Structural Change & Economic Dynamics, 2008, 19 (2): 132 - 151.

[133] Tung C Y, Baker S. RMB revaluation will serve China' s self - interest [J] . China Economic Review, 2004, 15 (3): 331 - 335.

[134] Ueda K. Japan' s bubble, the USA' s bubble and China' s bubble [J] . China & World Economy, 2011, 19 (1): 47 - 62.

[135] Wang H, Wang K. What is unique about Chinese real estate markets? [J] . Journal of Real Estate Research, 2012, 34 (3): 275 - 290.

[136] Wang S, Yang Z, Liu H. Impact of urban economic openness on real estate prices: Evidence from thirty - five cities in China [J] . China Economic Review, 2011, 22 (1): 42 - 54.

[137] Whitman M V N. Economic openness and international financial flows [J] . Journal of Money, Credit and Banking, 1969, 1 (4): 727 - 749.

[138] Wu W. Urban infrastructure financing and economic performance in China

[J]. Urban Geography, 2010, 31 (5): 648 - 667.

[139] Xu X E, Chen T. The effect of monetary policy on real estate price growth in China [J]. Pacific - Basin Finance Journal, 2012, 20 (1): 62 - 77.

[140] Yang Z, Wang S, Campbell R. Monetary policy and regional price boom in Sweden [J]. Journal of Policy Modeling, 2010, 32 (6): 865 - 879.

[141] Yu H J, Lee S. Government housing policies and housing market instability in Korea [J]. Habitat International, 2010, 34 (2): 145 - 153.

[142] Yu H. Size and characteristic of housing bubbles in China's major cities: 1999 ~ 2010 [J]. China & World Economy, 2011, 19 (6): 56 - 75.

[143] Zhang C, Pang H. Excess liquidity and inflation dynamics in China: 1997 - 2007 [J]. China & World Economy, 2008, 16 (4): 1 - 15.

[144] Zhang C. Money, housing, and inflation in China [J]. Journal of Policy Modeling, 2013, 35 (1): 75 - 87.

[145] Zhang G Y, Fung H G. On the imbalance between the real estate market and the stock markets in China [J]. Chinese Economy, 2006, 39 (2): 26 - 39.

[146] Zhang Q. Chinese financial system: monetary policy, capital market, financial sector [M]. Tokyo: Japan Economic News Press, 2012.

[147] Zhang X, Sun T. China' s current real estate cycle and potential financial risks [J]. China & World Economy, 2006, 14 (4): 57 - 74.

[148] 柏宝春. 我国房地产投资信托基金发展问题研究 [J]. 中国房地产金融, 2013 (1): 10 - 13.

[149] 曹远征. 对我国金融体制改革的回顾与展望 [J]. 开放导报, 2008 (1): 9 - 15.

[150] 曹振良, 傅十和. 房地产泡沫及其防范 [J]. 中国房地产, 2000 (2): 7 - 11.

[151] 高波, 王先柱. 中国房地产市场货币政策传导机制的有效性分析: 2000 ~ 2007 [J]. 财贸经济, 2009 (3): 129 - 135.

[152] 宫崎义一. 复合不况 [M]. 东京: 中央公论社, 1992.

[153] 宫尾尊宏. 土地问题可以解决 [M]. 东京: 东洋经济新报社, 1991.

[154] 郭贯成, 熊强, 汪勋杰. 土地供应政策对房价影响的 GWR 模型分析 [J]. 南京农业大学学报 (社会科学版), 2014 (5): 12.

[155] 郭松海. 关于空城、空房与住房空置率 [J]. 城市住宅, 2012 (4): 37 - 38.

［156］国家外汇管理局国际收支分析小组．2010 中国跨境资金流动监测报告［M］．北京：中国金融出版社，2010.

［157］国家外汇管理局国际收支分析小组．2011 中国跨境资金流动监测报告［M］．北京：中国金融出版社，2011.

［158］国家外汇管理局国际收支分析小组．2012 中国跨境资金流动监测报告［M］．北京：中国金融出版社，2012.

［159］韩冬梅，屠梅曾，曹坤．房地产价格泡沫与货币政策调控［J］．中国软科学，2007（6）：9－16.

［160］韩凤舞．我国金融开放和贸易开放的互动渠道研究［J］．经济问题，2011（7）：39－42.

［161］何平，殷小斌．中国国有银行改革的比较制度分析［J］．经济理论与经济管理，2010（3）：50－56.

［162］和立道，范修礼．扩张政策下的货币因素分析——基于中国长期超额货币供给视角分析［J］．经济问题探索，2010（2）：75－80.

［163］侯明扬．基于复杂网络的银行危机传染研究［D］．青岛大学，2008.

［164］胡冉．我国货币供给量变动对房价的动态影响分析［J］．统计与决策，2009（23）：131－134.

［165］胡正．中国超额货币供给研究（1979～2009）：理论与实证［D］．西南财经大学，2011.

［166］黄玲．金融开放的多角度透视［J］．经济学（季刊），2007（2）：421－442.

［167］吉冈孝昭，山田浩之．战后日本地价变动的时序列分析［J］．日本不动产学会志，2002，2（16）：54－64.

［168］李治国．基础货币、货币乘数与货币当局资产负债结构的关系研究——基于中国 1994～2006 年季度数据的实证分析［J］．数量经济技术经济研究，2007（11）：15－26.

［169］廖湘岳，戴红菊．商业银行贷款与房地产价格的关系研究［J］．上海经济研究，2007（11）：91－96.

［170］刘贵文，王丽娟．城市住房价格影响因素及其空间规律研究——基于地理加权回归模型的实证分析［J］．技术经济与管理研究，2013（9）：81－86.

［171］刘莉亚．境外“热钱”是否推动了股市、房市的上涨？——来自中国市场的证据［J］．金融研究，2008（10）：48－70.

［172］刘锡良，董青马．我国银行改革的回顾与分析——基于银行与政府关系演变的视角［J］．财经科学，2008（9）：1－8.

［173］龙莹．空间异质性与区域房地产价格波动的差异——基于地理加权回归的实证研究［J］．中央财经大学学报，2010（11）：80－85.

［174］卢茜，林涛．基于交通可达性的上海郊区新城房价研究［J］．上海师范大学学报（自然科学版），2010（4）：426－431.

［175］陆前进，朱丽娜．我国货币发行机制探讨——基于央行和商业银行资产负债表的分析［J］．上海金融，2011（7）：49－54.

［176］孟斌，张景秋，齐志营．北京市普通住宅空置量调查［J］．城市问题，2009（4）：6－11.

［177］倪克勤，郑平．贸易开放与金融开放［J］．财经科学，2004（3）：79－83.

［178］齐讴歌．房地产风险传染机制及其动态效应研究——基于资产价格波动的视角［D］．西北大学，2012.

［179］邱峰．房地产信托业发展综述及展望［J］．吉林金融研究，2012（2）：35－38.

［180］日本银行．日本金融体系报告［EB/OL］．https：//www. boj. or. jp/research/brp/fsr/index. htm/.

［181］上田和夫．橘川武郎，粕谷诚．日本不动产业史：产业形成至泡沫后期［M］．名古屋：名古屋大学出版会，2007.

［182］沈悦，张学峰，张金梅．基于 SVAR 模型的住宅价格调控政策有效性实证分析［J］．统计与决策，2011（7）：111－114.

［183］宋凌峰，叶永刚．中国区域金融风险部门间传递研究［J］．管理世界，2011（9）：172－173.

［184］宋玉娟．银行利率与房地产业关系的实证分析［J］．统计与决策，2005（17）：91－92.

［185］谭中明．区域金融风险预警系统的设计和综合度量［J］．软科学，2010，24（3）：69－74.

［186］汤泉．关于中国金融改革的制度经济学研究［D］．武汉工程大学，2011.

［187］唐高平．“温州炒房团”与我国金融制度变迁［J］．经济理论与经济管理，2006（8）：35－37.

［188］汪祖杰，吴江．区域金融安全指标体系及其计量模型的构建［J］．经济理论与经济管理，2006（3）：42－48.

［189］王广谦．中国经济改革 30 年・金融改革卷［M］．重庆：重庆大学出版社，2008.

［190］王国刚．中国货币政策调控工具的操作机理：2001～2010［J］．中国社会科学，2012（4）：62－82.

［191］王鹤，潘爱民，赵伟．区域房价空间与时间扩散效应的实证研究［J］．经济评论，2014（4）：85－95.

［192］王来福，郭峰．货币政策对房地产价格的动态影响研究——基于VAR模型的实证［J］．财经问题研究，2007（11）：15－19.

［193］王重润，屈昆鹏．我国房地产信托机制设计缺陷与优化［J］．网络财富，2009（7）：56－57.

［194］吴培新．货币政策分析中的货币供应量和信贷规模［J］．经济科学，2008（5）：5－14.

［195］西村清彦．日本地价决定机制［A］//西村清彦，三轮芳朗（Eds.）．日本的股价和地价［C］．东京：东京大学出版社，1990.

［196］夏斌，廖强．货币供应量已不宜作为当前我国货币政策的中介目标［J］．经济研究，2001（8）：33－43.

［197］熊伟．我国房价持续上涨的流动性过剩因素分析与对策［J］．生产力研究，2007（19）：87－88.

［198］徐忠，张雪春，邹传伟．房价、通货膨胀与货币政策——基于中国数据的研究［J］．金融研究，2012（6）：1－12.

［199］闫瑶．银行改革对银企关系的影响［J］．中央财经大学学报，2008（3）：33－38.

［200］岩田规久男．股票经济的构造［M］．东京：岩波书店，1992.

［201］姚梅芳，张兰．流动性货币过剩、通货膨胀对经济增长的影响及对策［J］．学习与探索，2011（6）：132－134.

［202］姚树洁，姜春霞，冯根福．中国银行业的改革与效率：1995～2008［J］．经济研究，2011（8）：4－14.

［203］姚星垣，郭福春．构建浙江省区域金融风险预警体系研究［J］．浙江金融，2008（5）：17－19.

［204］野口悠纪雄．土地经济学（日文）［M］．东京：日本经济新闻社，1989.

［205］叶翔，梁珊珊．货币乘数影响因素的扩展分析［J］．上海金融，2011（8）：55－63.

［206］易纲．中国的货币供求与通货膨胀［J］．经济研究，1995（05）：51－58.

［207］殷孟波，石琴．金融业全面开放对我国银行业竞争度的影响——基于

Panzar－Rosse模型的实证研究［J］．财贸经济，2009（11）：12－18.

［208］应展宇．What is the "China Model" of financial reform？［J］．China Economist，2008（5）：61－71.

［209］原田泰，井上裕行．土地、住宅经济学：土地神话的骗局［M］．东京：日本评论社，1991.

［210］张鹏，张浩．1978～2008：我国商业银行改革发展三十年问题研究——基于金融功能视角［J］．财经科学，2008（10）：36－41.

［211］张晓朴．系统性金融风险研究：演进，成因与监管［J］．国际金融研究，2010（7）：58－67.

［212］张谊浩，沈晓华．人民币升值、股价上涨和热钱流入关系的实证研究［J］．金融研究，2008（11）：87－98.

［213］赵文胜，张屹山，赵杨．人民币升值、热钱流入与房价的关系——基于趋势性和波动性的研究［J］．世界经济研究，2011（5）：15－19.

［214］中国人民银行．中国房地产金融报告［M］．北京：中国金融出版社，2004.

［215］中国银监会统计部专题分析组．中国房地产资金来源状况分析报告［J］．中国金融，2005（18）：32－34.

［216］仲彬．区域金融风险预警系统的理论与实践探讨［J］．金融研究，2002（7）：105－111.

［217］周京奎．1998～2005年我国资产价格波动机制研究——以房地产价格与股票价格互动关系为例［J］．上海经济研究，2006（4）：21－29.

［218］周京奎．货币政策、银行贷款与住宅价格——对中国4个直辖市的实证研究［J］．财贸经济，2005（05）：22－27.